똑똑해지는 뇌과학 독서법

내가 인생을 알게 된 것은
사람과 접촉해서가 아니라 책과 접하기 때문이다.
– 아나톨 프랑스 –

뇌과학자가 밝히는 독서를 통한 두뇌개발법

똑똑해지는 뇌과학 독서법

- 뇌교육학박사 김호진 지음 -

RITEC CONTENTS

| 서문 |

독서하면 정말 뇌가 좋아질까?

"인류는 책을 읽도록 태어나지 않았다.
독서는 뇌가 새로운 것을 배워
스스로를 재편성하는 과정에서 탄생한
인류의 기적적인 발명이다."

독서하는 인간과 뇌의 관계에 대해서 가장 잘 설명해 놓은 책인《책 읽는 뇌》의 저자 매리언 울프의 말이다.

그렇다. 인간은 책을 읽도록 창조된 것이 아니다. 신이 인간을 만들었고, 그 인간은 책을 만들었다. 그 결과 독서를 발명했다. 책과 인간의 뇌는 어떤 연관도 없는 관계였다. 그 무관한 사이에 관계를 만든 것이 바로 독서다.

인간의 뇌는 신경세포를 의미하는 뉴런과 시냅스로 이루어져 있다. 시냅스는 뉴런들의 의사소통을 위해 연결된 부분을 말한다. 어릴 때 생성된 뉴런은 더 이상 증가하지 않는다. 중요한 것은 시냅스다. 시냅스는 외부자극을 받아 새로 형성되기도 하고 이미 연결된 부분은 견고해지면서 뇌가 발달한다. 책을 통한 학습과 다양한 경험들이 뇌를 자극하면서 뇌의 시냅스 연결망이 새롭게 생성된다. 결국, 기억과 학습은 시냅스의 물리적 재편성의 결과이다.

최근 뇌과학, 신경생리학, 인지심리학, 뇌 교육을 연구하는 사람이 많아지면서 신비스럽고 규명하기 어려웠던 뇌의 구조와 기능들이 조금씩 밝혀지고 있다. 뇌는 유연하고 가소성을 가지고 있다. 비록 육체는 시간이 지나면서 피부가 변하고 장기들은 제 기능을 못 하게 되지만, 뇌 신경세포 간의 연결은 계속 생성되어 재구조화가 진행된다는 연구 결과들은 흥미롭고 희망을 주는 이야기이다.

138억 년 전 '빅뱅'으로 우주가 탄생하였고, 45억 년 전에 지구가 탄생하였다. 35억 년 전 지구에 최초의 생명체가 나타났다. 그 후 탄생한 영장류의 뇌는 600만 년 동안 진화를 거듭하면서 점점 커졌다. 현대인의 뇌 크기에 가까워진 호모사피엔스는 겨우 20만 년 전에 아프리카에서 이동을 시작하였고, 문자의 발명은 고작 6,000년 전이다.

인류의 역사에서 문자를 사용한 시기는 아주 짧다. 처음부터 인간의 뇌는 유전적으로 독서 능력을 갖추고 있지 않았다. 문자를 해독하는 능력은 다른 종에는 존재하지 않는 능력으로 호모사피엔스가 후천적으로 가지게 된 능력이다. 인간의 뇌는 진화를 거듭하면서 독서할 수 있는 새로운 회로를 더하여 배선을 바꾼 것이다.

이렇게 독서를 위한 뇌 회로망을 재편성하는 과정에서 인간의 뇌는 창조적이고 똑똑한 뇌로 바뀌었다. 따라서 인간은 태어나 글자를 익히고 독서하는 능력을 갖추기 위해 고된 노력과 꾸준한 연습이 필요하게 되었다. 이러한 어려움을 극복하는 과정에서 뇌 신경회로들이 새롭게 창출되고 더욱 복잡하게 확장되어 창조적이고 혁신적인 사고를 할 수 있는 뇌로 변화를 거듭해 온 것이다.

결론은 이것이다. 독서를 하면 정말 뇌가 좋아진다. 많은 학자가 이렇게 이야기하고 있고, 실제로 독서를 통해 뇌를 좋게 만든 이들은 수도 없이 많다.

정약용, 세종대왕, 레오나르도 다 빈치, 존 스튜어트 밀, 빌 게이츠, 스티브 잡스, 워런 버핏, 벤저민 프랭클린, 토머스 에디슨은 책을 통해 천재가 되어 인생이 아니라 세상을 바꾼 거장들이다. 이들의 공통점은 어마어마한 독서량이다.

꾸준한 독서는 우리의 몸과 마음을 성장시킨다. 그 성장은 바로 의식이 확장되고 통찰력을 갖게 되는 것을 의미한다. 결국 독서는 우리의 뇌를 지적으로 탁월하고 창의적인 뇌로 바뀌게 하고, 세상을 바꾸는 위대한 업적을 남기게 하는 원동력이다.

이 책은 독서가 아이들뿐만 아니라 어른들의 뇌도 변하게 하고 더 똑똑한 뇌로 바꿀 수 있는 비밀을 밝혀줄 것이다.

대한민국 미래를 책임질 위대한 인재 탄생은 뇌를 똑똑하게 만드는 독서가 답이다. 오직 독서뿐이라 확신한다. 이제 당신도 독서의 길을 선택하기를 바란다. 이 책은 독서의 삶을 살게 해 줄 강력한 동기와 이유를 제시해 줄 것이라 확신한다.

김호진

• 차 례 •

PART 1

독서는 어떻게 뇌를 변화시키는가

PART 2

독서로 천재가 된 사람들

PART 3

독서로 강대국이 된 나라들

PART 4

천재를 만드는 독서의 비밀

PART 5

똑똑해지는 학생·직장인을 위한 독서 두뇌 혁명

PART 6 God! Teacher를 위한 독서 두뇌 혁명

PART 7 위대한 부모를 위한 독서 두뇌 혁명

PART 8

뇌를 춤추게 하는 미라클 모닝 독서

PART 1

독서는
어떻게 뇌를
변화시키는가

1-1

뇌를 깨우는 독서: 잠자는 뇌를 깨우자

"책을 읽기 시작하면 뇌 속에 화학반응이 일어난다."

일본의 독서 전문가 마쓰야마 신노스케의 말이다. 독서할 때 뇌가 활성화되는 것을 화학반응이 일어난다고 표현하였다.

뇌(腦)는 1.4kg 정도로 몸무게의 약 2%를 차지한다. 오랜 진화의 과정을 거치면서 호모사피엔스의 뇌는 점점 커졌다. 그래서 뇌는 단단한 머리뼈와 뇌척수액으로 보호되고 있다. 뇌를 구성하는 최소단위는 뉴런이라는 신경세포다. 과학자들은 우주의 모든 구조물 중에서 가장 복잡한 것이 뇌라고 말한다.

뇌는 우리 몸과 마음의 사령탑으로 쉬지 않고 일한다. 우리가 매 순간 생각하고, 상상하고, 경험하고, 학습한 것을 기억하여 뇌 신경세포인 뉴런의 연결망을 재편성한다. 그래서 우리 몸이 사용하는 에너지의 약 20%를 사용한다. 이것은 뇌의 에너지 대사가 매우 활발하다는 뜻으로

'에너지 먹보'라고도 한다.[1]

혈류량도 분당 750mL로 심장이 분당 5L를 보낸다고 보면 꽤 많은 혈액이 뇌로 간다. 심지어 우리가 잠자고 있는 동안에도 뇌의 깊숙한 곳에서는 쉬지 않고 일한다. 대뇌와 함께 단기기억과 장기기억으로 갈 내용을 분류하고 정리하는 작업을 한다. 모든 정보처리는 뇌에서 이루어진다. 인체의 수많은 감각기관으로부터 입력된 정보들은 작업영역을 통하여 단기기억을 담당하는 영역에 저장된다. 대부분의 단기기억 정보는 짧은 시간 안에 소멸하지만, 단기기억 정보라도 기존에 가지고 있던 정보와 연결되고 연합된 정보들은 장기기억이 될 가능성이 높다. 특히 뇌를 놀라게 하였거나 경이로운 깨달음으로 흥분하였던 일과 같이 감정과 관련된 정보들은 오래 기억된다.

사실 모든 기억과 학습은 신경세포인 뉴런의 연결망과 관련된다. 뇌가 좋아진다는 것은 뇌 신경세포들이 연결되는 부위인 시냅스의 연결이 강화되거나 새로운 연결망이 형성되는 방식으로 재배선되는 것을 의미한다. 또한, 뇌는 새로운 것을 학습하거나 도전할 때 더 활성화된다. 이러한 뇌 기능의 변화와 활성화를 '뇌가 성장했다', '뇌가 발달했다'라는 말로 표현한다.

---

1) 신희섭 외, 《뇌(BRAIN)》, 휴머니스트, 2016, p. 55.

뇌 구조를 재편성하는 독서

뇌과학은 뇌를 포함한 신경계를 연구하는 생물학의 한 분야로, 뇌의 복합적인 기능과 구조를 해석해 인간의 유전자 법칙뿐만 아니라 물리적·정신적 기능을 심층적으로 탐구하는 응용학문을 말한다.

최근 뇌과학자들은 뇌를 변화시키고 활성화하는 데 독서가 유용하다는 것을 입증하였다.

KBS 특집 다큐멘터리 〈읽기혁명〉(2008)에서 책 읽는 뇌를 알아보기 위해 실험하는 장면이 있었다. 그 실험은 황순원의 《소나기》라는 소설을 '책으로 읽는 학생 그룹'과 '영화로 보는 학생 그룹'으로 나누어 실행하였다. 책 읽기와 영화 보기가 끝난 후에 소설과 영화 속의 한 부분을 그림으로 표현하게 하였다.

두 그룹 학생들의 그림은 확연한 차이를 보였다. 책으로 읽은 그룹은 개인별로 특징이 뚜렷하고 독창적인 그림을 그렸다. 이것은 학생들이 같은 책을 읽었지만, 책을 읽으면서 소설 속 장면들을 상상한 것은 각자 달랐다는 것을 의미한다. 반면 소설을 영화로 본 학생들의 그림은 장면 표현이 거의 같았다. 영상으로 본 장면은 학생들의 시각 정보로 기억될 때 같은 이미지였기 때문에 그림으로 표현된 결과도 비슷하게 나타난 것이다. 이 같은 결과는 독서할 때 뇌가 영화를 볼 때보다 더 높은 수준의 집중력과 상상력을 요구하는 활동을 한다는 것을 말해 주고 있다. 이 실험은 독서가 뇌를 활성화시킨다는 것을 입증하였다.

일본 도후쿠대학 의학부 가와시마 류타 교수팀은 '독서할 때 뇌'와 '게임할 때 뇌'를 fMRI(functional magnetic resonance imaging, 기능적 자기 공명영상)로 촬영해 보았다. 결과는 독서할 때 뇌가 게임할 때 뇌보다 더 왕성하게 활동하는 것으로 나타났다.

특히 독서할 때 앞이마 쪽에 위치한 전전두엽 부분에서 활동이 많아지는 것을 볼 수 있었다. 이것은 독서가 상상력과 관계있음을 말해준다. 가끔 재미있는 책을 읽을 때 자신도 모르게 이야기 속 상상의 세계로 빠져든 경험이 있을 것이다. 상상력은 뇌의 고등정신을 담당하는 전두엽에서 나온다. 책을 읽는 것은 전두엽이 많이 사용되고 있다는 것을 의미한다. 그래서 책을 많이 읽으면 전두엽이 발달하여 우수한 뇌로 변하는 것이다.

반면 아이들이 텔레비전을 보거나 게임을 할 때는 후두엽의 시각중추와 측두엽의 청각중추를 강하게 자극하는 것으로 나타났다. 그리고 '인지'와 '사고'와 같은 고도의 정신기능을 담당하는 전두엽에는 크게 영향을 미치지 않았다.

결국 독서는 게임이나 영상자료에 비해 상상하고 연상(聯想)하는 기능을 많이 하게 되고, 뇌 전체에 걸쳐 많은 양의 혈액을 활발하게 공급하게 된다. 독서로 뇌를 자극하여 활성화가 자주 일어나게 만들면, 시냅스 연결망도 재편성되어 뇌는 점점 발달하게 된다. 시냅스 연결의 재구조화는 바로 두뇌 발달을 의미한다. 자신의 뇌를 좋은 뇌로 성장시키고 싶다면 매일 책 읽기를 실천하는 것이 중요하다.

아이들의 뇌에서 무슨 일이 일어나고 있는 걸까?

뇌가소성 연구의 세계 선도 과학자인 마이클 머제니치 박사는《뇌를 읽다》에서 "학습이 두뇌 구조를 바꾸며, 그 과정에서 우리의 학습능력이 더욱 향상된다"고 하였다.

교실에서 아이들은 이미 알고 있는 수학 문제를 풀거나 쉬운 내용을 학습할 때는 흥미를 보이지 않는다. 금방 지치거나 다른 일에 관심을 보이며 학습에서 이탈하게 된다. 탁월한 교사는 수업을 시작할 때 아이들의 마음을 흔들어 왕성한 호기심을 자극할 수 있는 동기 유발 자료를 제시한다. 그러면 아이들은 기존의 자신이 알고 있던 사실과 전혀 다른 것에 대하여 '왜 그럴까?', '어떻게 저렇게 되지?', '내가 알고 있는 사실과 전혀 달라. 한번 알아볼까?'하는 마음을 가진다. 이것을 수업기술 전문가 한형식 선생님은 '심진(心震)'이라고 하였다. 마음에 지진이 일어나게 한다는 의미이다. 금세 아이들은 호기심과 상상 속으로 빠져들고 의욕적으로 앎에 대한 열정을 가지게 된다. 아이들의 집중력이 올라가서 몰입하는 수업을 하게 된다. 이때 아이들의 뇌 속에서는 고등정신을 담당하는 전두엽과 해마라는 기억 담당 영역에서 활성화가 시작된다. 기존에 알고 있던 지식, 즉 이미 형성된 시냅스에 새로운 연결이 일어나고 더 견고해지는 작업이 이루어진다. 이러한 일들이 반복되면 아이들의 뇌는 활성화되면서 성장한다. 또한 장기기억 영역도 활성화되어 오랜 세월 기억하게 되도록 시냅스의 연결이 완성된다.

교실 수업을 할 때 아이들의 뇌가 활성화되는 메커니즘이 책을 읽을 때도 똑같이 일어난다. 책을 읽을 때 우리 뇌는 눈을 통하여 정보를 받아들인다. 눈을 통하여 입력된 시각 정보는 뇌의 후두엽을 활성화시킨다. 소리를 통하여 입력되는 언어와 그 해석은 청각 정보를 관장하는 측두엽을 활성화시킨다. 다시 이러한 정보들은 대뇌 사령부이면서 종합적인 판단과 추리, 이성을 담당하는 전두엽을 활성화시킨다.

가령, 자연 현상에 대하여 왕성한 호기심과 탐구욕을 가진 아이라면 과학 관련 서적을 많이 읽을 것이다.

자연 현상에 대한 깊은 사색과 탐구를 요하는 독서로 의식이 확장되고, 이러한 과정들이 축적되면서 뇌의 신경회로도 재편성되어 창의적인 뇌로 성장하게 된다. 이처럼 호기심과 의문을 가지고 탐구하는 활동과 독서는 뇌를 자극하여 활성화시킨다. 활성화된다는 의미는 뇌의 신경세포 간의 시냅스의 연결이 새로 만들어지거나 연결망이 단단해져서 똑똑한 뇌가 된다는 것이다. 독서는 스스로 배우고 익히면서 뇌를 활성화시키는 최고의 효율적인 방법이다. 또한 꾸준한 독서는 뇌를 변화시키고 의식을 확장시켜서 사고력을 기르는 데 결정적인 역할을 한다.

착각을 잘하는 뇌

"뇌는 착각을 잘한다."

그래서……. "뇌는 멍청하다?"

뇌가 가진 특성 중에 재미있는 것은 상상과 현실을 구분하지 못할 때가 많다는 것이다. 일상생활을 하거나 책을 읽으면서 우리는 상상을 많이 한다. 특히 아이들은 재미있는 동화책을 읽을 때 상상의 세계로 빠져든다. 같은 책을 읽지만 상상한 세계의 색깔과 모양, 풍경은 제각기 다르다. 또한 뇌는 기존의 기억된 정보와 책을 읽으면서 상상한 세계를 융합하면서 재편성한다. 이러한 메커니즘을 이용한 훈련법이 있다. 바로 운동선수들이 활용하는 이미지 트레이닝이다. 이미지 트레이닝은 100년 전 심리학에서 출발하였다. 지금도 다양한 스포츠 분야에서 성과를 보고 있는 훈련법이다.

미국 클리블랜드병원 신경과학자 광 예 박사는 젊은 사람들과 노인들을 대상으로 상상훈련, 즉 이미지 트레이닝에 대해 연구하였다. 이들에게 몸의 각 부분을 웨이트 트레이닝으로 단련하면서 팔의 이두박근을 매일 10분씩 상상으로 운동을 하게 했다. 4개월 후 젊은이뿐만 아니라 노인들도 이두박근 근육이 15% 정도 증가하였다는 놀라운 결과를 발표하였다.[2)]

운동하는 상상만 하였을 뿐인데 뇌는 운동을 실제 하는 것으로 판단하고 팔 근육으로 혈류를 증가시켜 필요한 영양소와 산소를 공급한 것이다. 즉, 근육신경계를 활성화시킨 것이다.

이처럼 인간의 뇌는 실제 신체 훈련과 이미지 트레이닝을 구분하지 못하고 착각하기도 한다. 이러한 뇌의 특성을 활용한 이미지 트레이닝

2) 이영돈, 《마음》, 예담, 2006, p. 124.

은 스포츠에서 이미 많이 활용되고 있다. 육상선수들은 트랙에 나가기 전에 출발해서 마지막 결승선까지 마음속으로 달리는 상상을 반복한다. 그 결과 좋은 기록과 성적을 올린 선수들이 많다. 2008년 베이징 올림픽 여자 역도 금메달리스트 장미란 선수도 이미지 트레이닝을 많이 하였다고 한다. 이런 방법으로 훈련을 한 결과 그녀는 대회에서 자신의 한계를 뛰어넘는 기록을 달성하였다.

착각을 잘하는 뇌는 실제 경험한 것과 책에서 읽은 것도 구별하지 못한다. 캐나다 요크대학 심리학자 레이먼드 마 교수는 책 속에서 캐릭터가 하는 행동 장면을 글로 읽었을 때, 우리 뇌는 실제 상황에서 행동하는 것처럼 활성화된다는 것을 밝혔다. 즉, 뇌는 책을 통하여 간접 경험한 것도 실제 경험처럼 인식하기 때문에 뇌 연결 구조도 바뀐다는 것이다. 그래서 착각하는 뇌를 잘 활용하는 사람이 우수한 뇌를 가질 수 있는 가능성이 크다.

이처럼 뇌는 삶 속에서 직접 경험한 것과 독서를 통한 간접 경험을 구분하지 않고 함께 축적한다. 뇌는 축적된 경험과 지식으로 성장한다. 그래서 독서를 많이 하는 사람이 그렇지 않은 사람보다 신경세포들이 더 빠르게 연결되고 새로운 신경망 회로가 더 많이 생성된다. 이때 눈으로 보면서 읽고, 귀로 듣고, 입으로 소리 내어 읽는다면 신경세포의 가지들은 더욱 활성화되어 연결회로 생성이 더 활발해진다. 시냅스는 새로운 것을 배우거나, 평소에 사용하지 않았던 근육을 사용하거나, 무언가를 처음 경험할 때 연결회로를 더 잘 만든다.

결국 독서는 뇌를 깨우고, 뇌를 변화시키는 최고의 비법이다. 뇌의 기능도 근육처럼 단련할수록 강해지고 사용하지 않으면 약해진다. 독서로 뇌 근육을 강하게 단련하자. 좋은 뇌를 가지고 싶은가? 답은 독서에 있다. 독서로 뇌를 깨우자!

1-2

뇌 발달의 결정적 시기: 독서에도 시기가 있다

뇌 전문가로 통하는 한국과학기술연구원(KIST) 신희섭 박사는《뇌(Brain)》에서 "뇌와 신경계의 기본 단위는 신경세포인 뉴런이다. 뉴런은 세포체, 수상돌기, 축삭돌기로 이루어져 있다. 뉴런은 전기적 신호를 주고받으며 정보를 전달하기 때문에 전선의 그물처럼 생겼다. 뉴런은 서로 연결되어 감각신호와 운동신호를 전달하는 역할을 한다. 이러한 연결 부위는 시냅스다"라고 기술하고 있다.

뉴런들은 서로 연결의 세기를 강화하거나 약화시키는 방식으로 재연결되며, 가지가 자라거나 축소되면서 재배선된다. 또한 재생도 가능하다. 기존의 뉴런은 제거되고 완전히 새로운 뉴런이 생겨나기도 한다. 두 개의 뉴런이 접촉하는 곳에는 시냅스라는 구조가 있다. 뉴런들이 서로 통신하는 연결지점이다. 시냅스는 신경전달물질이라는 분자가 분비되면 수신한다. 뉴런에서 이를 감지하여 화학적 메시지가 전달된다.

우리 인간의 뇌는 약 1,000억 개의 뉴런과 약 1,000조 개의 시냅스로 이루어져 있다. 《커넥톰, 뇌의 지도》의 저자 승현준은 이러한 복잡한 신경세포의 연결망을 '커넥톰(connectome)'이라고 하였다. 각자 커넥톰 형태가 다르기 때문에 우리의 성격과 마음도 다르다. 그런데 이 커넥톰은 평생에 걸쳐 변화한다. 성격과 마음의 변화도 커넥톰의 변화에 영향을 받게 된다. 또 우리의 유전자와 경험도 커넥톰에 영향을 미친다. 따라서 커넥톰 이론은 결정된 이론이 아니다. 우리가 하는 행동과 생각에 따라 자신의 커넥톰을 계속 만들어갈 수 있기 때문이다.

뇌의 배선이 우리가 누구인지를 만들지만, 그 배선과정에서 중요한 역할을 담당하는 것은 바로 우리 자신이다. 현대 뇌과학은 자신이 스스로 뇌를 활용하여 커넥톰을 재편성하고 결국 뇌도 바꿀 수 있다는 희망을 주었다.

뇌 발달의 결정적 시기는 언제인가?

뇌의 신경세포인 뉴런들의 생성은 임신 5주째부터 시작된다. 엄마의 뱃속에서 빠르게 생성된 뉴런은 출생 후 유아시기까지 뉴런 간의 연결 회로가 생겨난다. 이 신경망 회로가 복잡해지고 정교해지면서 뇌는 급속하게 발달한다. 하지만 폭발적으로 성장하고 많아진 뉴런과 신경망 회로들은 제대로 연결되지 않은 미완의 상태이다. 이때 느슨한 연결망을 강화하기 위해서 다양한 경험과 외부 자극이 필요하다.

한편 뇌 발달은 출생 후 유아기가 중요한 시기이다. 생후 100일이 지나면 서서히 인지기능이 발달하기 시작하고 뇌는 오감을 통해 입력되는 다양한 외부의 정보와 자극으로 활발하게 움직인다. 아기는 주변 환경에서 보고, 듣고, 만지는 등 외부자극과 경험하는 모든 것을 스펀지처럼 흡수한다. 그렇게 1년 동안 모든 감각과 운동기관이 발달하여 뇌의 60%가 완성된다. 만 24개월이 지나면서 좌뇌와 우뇌가 균형 있게 발달한다. 의사 표현도 하고, 혼자 스스로 세상에 도전하고자 하는 자율성과 독립심이 생기기 시작한다. 3세가 되면 뇌 발달의 80%가 완성된다. 이 시기는 학습능력이 발달하고 감정을 조절하는 것을 배우는 데 매우 중요한 시기이므로 부모와 눈 맞추기와 같은 교감이 중요한 시기이다. 부모의 애정 어린 눈빛과 무한 신뢰를 주는 행동은 아이들의 뇌신경발달에 도움을 준다. 아이들은 부모와의 교감을 통해 정서적으로 안정되며 인지능력도 향상된다.

이처럼 아이의 성장과 뇌 발달에는 적절한 시기가 있다. 그러나 뇌신경세포의 증식은 계속되지 않지만, 출생 후 성장하면서 뉴런들이 서로 연결하여 정보를 주고받는 시냅스 형성은 평생에 걸쳐 반복적으로 일어난다. 또 그 연결망도 끊임없이 변한다. 특히 유아기에 뉴런 간의 연결 활동이 집중적으로 생성된다는 것이다. 따라서 이 시기에 정서적으로 안정된 상태에서 아기의 뇌를 자극하여 시냅스 활동이 잘 일어나게 하는 것이 뇌 발달에 중요하다.

인간을 비롯한 모든 동물에게는 결정적 시기가 있다. 예컨대 오리는 태어나서 몇 시간, 원숭이는 태어나서 1년, 인간은 태어나서 10~12년

정도 된다고 한다. 이 시기를 '결정적 시기(critical period)'라 한다.[3)]

이 기간에 뇌 회로 연결망이 급속하게 이루어진다. 자주 사용하는 회로망은 견고해져 살아남고 사용하지 않으면 연결망이 사라진다. 따라서 이 시기에 아이의 뇌 발달 단계에 맞는 양육 방식과 최적의 환경을 제공한다면 똑똑한 아이로 성장시키는 데 도움을 줄 수 있다. 그러나 인간의 뇌는 가소성을 가지고 있기 때문에 평생에 걸쳐 학습이 가능하다. 즉, 신경회로의 재편성이 나이와 상관없이 가능하다는 것이다. 다만 결정적 시기를 벗어나면 뇌의 연결회로 생성이 힘들다는 것이다. 그래서 조기교육은 적절한 시기에 필요하다는 것이 교육전문가들의 견해이다.

결정적 시기가 중요하다는 것을 연구한 학자는 1973년 노벨 생리의학상을 수상한 오스트리아의 콘라트 로렌츠(Konrad Z. Lorenz, 1903~1989)다. 그가 실험한 유명한 거위 실험은 각인이론[4)]을 정립하고 동물의 성장과정에 결정적 시기가 있음을 밝히는 데 기여하였다.

로렌츠는 실험에서 거위알을 두 집단으로 나누었다. 하나는 어미가 부화하도록 하고 다른 하나는 부화기에서 부화하도록 하였다. 어미 품속에서 알을 깨고 태어난 새끼들은 가장 먼저 어미를 보았다. 하지만 부화기에서 태어난 새끼는 맨 처음 로렌츠 박사를 만났다. 부화기에서 태어난 새끼들은 로렌츠를 졸졸 따라다녔다. 새끼 거위는 어미 거위를 인식할 수 있는 능력이 없다. 뇌가 너무 작기 때문이다. 거위 새끼는 부화 후 처음 보게 되는 움직이는 물체를 부모로 '각인'하는 습성을 가지

3) 김대식, 가장 창조적인 5% 인재, 문화일보, 2014, 〈파워인터뷰〉 참고.
4) 위키 백과사전, 각인이론 참고.

고 있다고 한다. 거위로서는 그때가 바로 결정적 시기이다. 거위의 경우 이 결정적 시기는 매우 짧지만 이 시기에 시냅스의 연결이 모두 완성되고 그 후의 행동 패턴도 고정된다고 한다.

사람의 경우에도 부모를 각인하는 학습과정이 있다면 태아시기에 듣게 되는 부모의 목소리일 것이다. 아기가 태어나 부모의 목소리를 알아듣는 것은 엄마의 뱃속에서 부모의 익숙한 목소리에 대한 학습이 이루어졌다는 것이다. 즉, 뉴런 사이에 시냅스가 형성되었다는 것을 의미한다.

이제 아기의 뇌는 태어나 삶을 살면서 겪게 되는 경험과 외부자극으로부터 입력되는 정보를 바탕으로 뇌 공간이 시시각각 재할당된다. 이런 현상은 끊임없이 계속된다. 우리 인간의 뇌는 연결성이 100퍼센트 완성되지 않은 상태로 태어난다. 그래서 학습이 가능한 존재이다. 인간의 뇌는 평생에 걸쳐 일어나는 다양한 학습과 경험으로 뇌 연결망이 재구조화되면서 변화를 거듭한다.

여기서 태아에게 책 읽어 주기를 생각해 볼 수 있다. 부모의 목소리를 학습하듯이 엄마와 아빠가 읽어 주는 이야기는 태아의 뇌를 형성하는 데 영향을 미친다. 태교가 중요한 이유가 여기에 있다. 한때 천재 음악가 모차르트의 음악이 태교 음악으로 인기가 있었다. 클래식 음악 중에서도 모차르트의 음악은 태아가 가장 편하게 반응하는 엄마의 심장 박동과 비슷하다. 그리고 우리 뇌가 편안할 때 나오는 알파파와 비슷한 주파수가 많이 포함되어 있다. 이처럼 아기가 엄마의 뱃속에 있을 때

들었던 부모의 목소리는 아기가 태어났을 때 익숙한 소리가 되어 부모의 책 읽어 주는 소리도 친숙하게 받아들이게 된다. 이제 아기의 뇌는 책 읽는 뇌로 변화하기 위한 출발점에 선 것이다.

언어 습득의 결정적 시기

언어학자와 심리학자들은 언어 습득에도 결정적 시기가 있다고 말한다. 그 시기는 대체로 생후 8개월부터 6세 이전까지다. 생후 8개월이 되면 대화를 듣고, 단어로 말하지 못하지만 소리와 몸짓으로 이야기하기 시작한다. 60개월이 되면 정확한 발음으로 대화가 가능하다. 언어 습득의 시기는 어느 정도 정해져 있다고 본다. 그래서 시기를 놓치면 노력 여하에도 불구하고 언어 습득이 어려워질 수 있다. 언어 습득은 외부의 자극과 뇌의 특정 신경회로인 브로카 영역과 베르니케 영역이 생성되어야 가능하다.[5]

이 신경회로는 아기가 태어난 후 특정한 시기에 집중적으로 형성된다.

뇌의 80퍼센트 이상이 유아기에 이루어지고, 뇌 발달이 어린 시기에 시작된다는 연구 결과가 나왔을 때 어린 자녀를 둔 부모들은 조기교육에 많은 관심을 가졌다. 그러나 많은 유아전문가와 교육학자는 지

---

5) 브로카, 베르니케에 대한 설명은 본문 132~133쪽을 참조 바람.

나친 조기교육은 도리어 아이들의 뇌에 부하를 주는 결과를 가져올 수 있다고 말한다. 따라서 조기교육의 열풍에 휩쓸리기보다 뇌를 활용하는 방법을 알아보는 것이 더 중요하다.

독서 전문가들은 아이가 어릴 때 부모가 함께 그림책을 보며 대화하고 안아주면서 정서적으로 안정을 주는 것이 더 필요하다고 말한다. 특히 3~6세에는 인간의 고등정신 기능과 종합적인 사고 기능과 도덕성 등을 담당하는 전두엽이 발달하기 때문에 인성 함양과 동기 부여 중심으로 교육해야 한다는 것이 뇌과학자들의 주장이다. 결국 아이들의 뇌는 부모와 가족들의 따뜻한 사랑이 담긴 외부 자극과 부모의 올바른 삶과 함께 바르게 발달한다.

아기가 언어를 습득하는 과정은 어른들의 입장에서 보면 놀라운 일이다. 모든 아기는 천재라 해도 과언이 아니다. '엄마'라는 말을 소리 내기까지 아기는 듣고 말하기 연습을 수없이 반복한다. 걸음마를 시작할 때도 넘어지고 일어서기를 반복하여 자연스럽게 걷게 된다. 이러한 반복적인 연습과 외부 자극들이 아기의 뇌를 발달시킨다. 이제 아기는 부모가 표현하는 말과 책 읽어 주기와 같은 외부 자극으로 언어도 빠르게 습득한다. 이런 언어 소통과정은 아기의 뇌를 더욱 성장시킨다. 따라서 뇌를 자극하는 가장 좋은 방법은 부모의 사랑이 담긴 스킨십과 함께 책을 읽어 주는 것이다.

1-3

요동치는 10대의 뇌: 청소년기 독서

"뇌는 인체의 모든 기관 중에서 태어날 때 완성이 가장 덜 된 구조물이다. 크기도 성인의 40%에 불과하다. 하지만 크기만 변하는 것은 아니다. 발달과정에서 뇌 내부의 배선이 모두 바뀐다. 뇌의 성장은 상당히 긴 시간이 필요한 과정이다. 하지만 청소년의 뇌는 역설 그 자체나 다름없다. 이 뇌는 회백질(뇌의 기본 구성 요소에 해당하는 신경세포)은 흘러넘치지만, 백질(정보가 뇌의 한 영역에서 다른 영역으로 효율적으로 흘러갈 수 있게 돕는 배선)은 부족하다. 10대의 뇌가 금방 출고된 페라리 자동차와 비슷한 이유도 이것이다."

《10대의 뇌》에서 프랜시스 젠슨이 한 말이다.

인류는 300만 년 전쯤에 직립하여 이족보행을 하고 도구를 사용하기 시작하였다. 그리고 불을 발견하였다. 불의 발견으로 사냥한 먹이를 익혀 먹게 되면서 내장은 짧아졌다. 그리고 뇌가 점점 커지자 머리도 커지는 쪽으로 진화되었다. 또한 이족보행으로 어머니의 산도가 좁아지면서 아기는 10개월의 미성숙한 상태로 태어났다.

이렇게 미숙한 상태로 태어나자 아기는 다른 동물에 비해 많은 시간을 부모의 품에서 보내게 되었다. 이처럼 출생 이후 약 12~18세까지 미숙한 존재로 살아가는 동안 부모와 친밀한 관계가 유지되고 안정된 상태로 보호 받게 되면서 뇌의 신경세포와 시냅스도 점점 발전적으로 진화되었다. 인간이 지닌 가장 강력한 장점인 뇌가 충분히 발달한 것이다. 그러나 뇌는 성장과정에서 10대에 이르러 균형을 잠시 잃는다.

오랫동안 과학자들은 청소년의 뇌가 성장이 완성된 성인의 뇌와 같다고 믿었다. 하지만 신경과학에서는 10대가 뇌 성장에 대단히 중요한 시기이며, 20대까지도 뇌가 계속 성장한다는 걸 밝혀냈다.

10대의 뇌는 뇌 영역들 사이에서 새로운 연결이 구축되고, 수많은 화학물질, 특히 뇌의 전령사인 '신경전달물질(neurotransmitter)'이 밀려든다.[6] 덕분에 10대의 뇌는 유연해지기 시작한다. 이러한 뇌의 변화로 빠르게 성장하면서 겪게 되는 삶의 고통을 이겨낼 수 있는 힘을 갖게 되고, 잠재된 능력들을 끄집어내어 발산해 보기도 한다. 학업은 물론 운동, 음악, 미술, 연기, 인간관계 등 다양한 영역에서 큰 성과를 거둘 수 있게 된다. 반대로 너무 큰 활력을 제대로 조절하지 못하면 스트레스가 쌓이거나 비행, 음주, 약물 등에 빠질 가능성도 커진다. 10대는 실로 경이로운 시기이다. 이 시기에 뇌를 잘 활용한다면 새로운 기회를 더 많이

---

6) 프랜시스 젠슨·에이미 엘리스 넛, 《10대의 뇌》, 김성훈 옮김, 웅진지식하우스, 2019, p. 44.

가질 수 있고 자신의 능력을 독창적으로 발휘할 수 있다.

10대의 뇌를 이해하는 것은 부모와 자식 간의 관계를 개선하는 것은 물론, 10대의 학업 성취도를 높이는 데에도 큰 도움이 될 수 있다. 10대의 뇌는 한 번에 여러 가지 일을 처리하기 힘들다. 성인보다 충동적이고 성인만큼 분노를 잘 조절하지 못한다. 그래서 조언이나 훈계를 할 때는 같은 말을 여러 번 반복하기보다는 서두르지 말고 기다려 주는 것이 필요하다.

10대는 진로와 학업 성적으로 많이 고민하기도 한다. 이때 학업만을 강조하기보다는 다양한 경험을 하면서 자신의 진짜 적성을 발견하도록 돕는 것이 중요하다. 여행과 봉사활동 등 다양한 경험을 하면 뇌의 기능이 크게 발달할 뿐만 아니라 지적·정서적으로 크게 성장할 수 있다. 이때 뇌의 발달이 완전히 멈추기 전에 늘 책을 가까이하는 습관을 가진다면 자신의 문제를 스스로 해결할 수 있는 능력을 갖추게 된다. 더불어 탁월한 지적 능력을 겸비하고 타인을 이해하는 사려 깊은 사람이 될 수 있다. 또한 독서는 뇌를 건강하게 성장시킨다. 무엇보다 청소년기는 뇌를 폭발적으로 변화시킬 수 있는 시기이다. 따라서 이 시기의 독서는 중요하다. 독서로 창의적이고 예리한 통찰력을 가진 뇌를 만들 수 있는 중요한 시기이기 때문이다.

성장하는 사춘기 뇌

인간의 인체는 놀랍다. 인체는 우주에 존재하는 수많은 물질보다 더 복잡한 기관들이 서로 연결되어 생명을 유지하고 있다. 성장기 뇌는 성인 뇌의 축소판이 아니다. 뇌의 성장은 몸 안의 다른 대다수 기관의 성장과 달리 그냥 커지는 과정이 아니다. 성장하는 과정에서 뇌는 무수히 많은 변화를 거치고 그 변화는 전 생애에 걸쳐 계속된다.

어릴 때 부모 말을 잘 듣던 아이가 10대 청소년기가 되면 자기주장이 강하고 쉽게 짜증 내며 분노하는 아이로 변하기도 한다. 아이들은 정서적인 조절 능력이 부족하거나 여러 가지 행동과 충동을 억제하기 쉽지 않다. 전전두엽이 미성숙한 반면 편도체를 비롯한 대뇌변연계는 발달하여 감정 자극에 예민하기 때문이다.

반면, 대뇌가 폭발적으로 변화하여 태어날 때 과잉 생산되어 있던 뇌세포와 뇌 회로가 정리되어 효율적인 뇌구조로 바뀌어간다. 가령, 예술적 회로를 사용하지 않았다면 쓸데없는 회로로 여겨져 잘려나간다. 만약 언어회로가 발달하였다면 가지치기에서 살아남는다. 살아남은 뇌 회로는 더욱 견고해져 활발한 두뇌 발달로 이어진다. 이러한 이유로 이 시기를 전후해 좋은 교육이 제공되어야 한다. 사회적 적응을 위한 리모델링 시기가 바로 청소년 초기라는 것이다.

이렇게 정신적으로 불안정한 10대 시기에 책을 만나게 해 주어, 다방면의 지식과 경험을 축적하고 학교에서 배우고 익히는 지식과 예술적 경험들을 융합할 수 있도록 도와준다면 건강하고 안정된 뇌를 가진 아이로 성장해 나갈 것이다.

청소년기는 14세 이상 20세 미만에 해당하는 시기로 인간발달 단계에서 가장 민감하고 급속한 변화와 성장을 경험하는 시기이다. 피아제의 인지발달 단계 중 마지막 단계인 '형식적 조작기'로 논리적 사고력이 발달하고, 추상적으로 생각하여 문제를 해결할 수 있는 단계에 해당된다. 에릭슨의 발달 단계에서는 다섯 번째 단계인 '정체감 대 정체감 혼미'의 시기에 해당된다. 자신의 정체성에 혼란을 느끼고 외부 영향에 취약한 시기이다. 에릭슨은 이 시기의 가장 중요한 발달 과업으로 자아정체감과 문화적 정체감의 확립이라고 보았다.

또한 청소년기는 신체적·정서적·인지적으로 급격히 성장하는 시기이다. 지적인 문제 해결력과 통찰력, 판단력, 사고력, 논리성도 상당한 수준에 이른다. 문학과 예술에 대한 관심도 높아지고 지적 호기심과 자연과 사물에 대한 탐구심도 높다. 따라서 그들을 둘러싼 주변 환경이 중요하다. 어린이와 성인의 어느 쪽에도 속하지 못하는 주변인의 특성을 지니고 기성세대의 가치관을 거부하면서도 도움을 필요로 하는 시기이기도 하다. 따라서 학교교육만으로는 부족하다. 도서관과 같은 사회적 교육기관의 적정한 프로그램이 필요하다.

다양한 독서프로그램의 개발과 지원으로 청소년에게 다가가는 독서지원 활동은 좋은 사례가 되고 있다. 학교 도서관에서 주관하는 작가와의 만남을 통한 독서체험 프로그램, 학생 독서회를 통하여 북토크

형 프로그램, 영화를 활용한 독서프로그램, 독서 기행 프로그램, 예술과 연계한 독서프로그램 등 청소년을 위한 독서프로그램은 청소년이 지적으로 탁월해지도록 돕고, 평생 독서가의 뇌 회로를 형성하는 데 중요하다.

1-4

21세기 뇌교육: 독서로 뇌를 활용하라

'21세기는 뇌의 시대'

뇌에 관한 연구는 1990년대를 기점으로 폭발적으로 늘어나고 있다. 통합된 학문으로서 뇌를 집중적으로 연구하는 뇌과학과 신경과학, 인지과학이 부각되고 있다. 교육에는 뇌과학과 교육의 융합으로 주목받는 뇌교육이 21세기 미래교육을 주도할 것으로 기대되고 있다. 또한 뇌 기반학습도 인간의 뇌 기능 특성을 바탕으로 효율성이 높은 교육방식으로 주목받고 있다. 앞으로 뇌의 올바른 활용 방법을 개발하고 교육에 적용한다면 교육혁명의 핵이 될 것이다. 학교에서도 뇌교육으로 교육의 패러다임을 바꾼다면 아이들의 뇌 발달에 많은 도움이 될 것이다.

뇌교육 창시자 이승헌은 뇌교육(brain education)을 '뇌 관련 제반 지식을 활용하여 인간의 본질적 가치를 자각하고 삶 속에서 이를 실현하기 위한 철학, 원리, 방법을 연구하는 융·복합적 학문'이라고 정의 내렸다.[7] 뇌를 생물학적 대상으로 보지 않고 우리가 늘 활용하고 개발하여야 할 교육적 대상으로 인식하고 있는 것이다.

마음이 뇌의 작용에 바탕을 두고 있다는 뇌과학적 연구가 이루어짐에 따라 인간 행동을 규정짓는 생각과 사고, 집중력, 정서작용, 인성함양 등 교육의 핵심가치에 대한 접근방식이 달라지고 있다.

모든 사람이 뇌를 가지고 있지만 뇌를 어떻게 써야 할지는 잘 알지 못한다. 뇌교육은 뇌가 가진 참된 가치를 자각하고, 우리의 뇌를 어떻게 활용하고 개발해야 할지 알려주는 체험적 교육방법론을 근간으로 하고 있다.

4차 산업혁명의 시대를 맞아 선진국에서는 21세기 미래교육의 키워드로 '창의성과 인성, 전문성'을 설정하고 있다. 글로벌 선진기업들도 핵심인재의 요건으로 창의성과 인성을 강조하고 있다.

이러한 시대적 요청에 부응하여 학교와 교사도 변화가 필요하다. 교사는 유아기, 아동기, 청소년기의 두뇌 발달 특성을 이해하고 아이들의 뇌를 활용하여 발달시키는 데 필요한 지식과 방법을 갖추어야 한다. 뇌에 실질적 변화를 주는 체험적 교육방법론이 학교 교육에 도입된다면 아이들의 뇌도 창의적이고 바른 인성을 갖춘 뇌로 성장해 나갈 것이다.

---

7) 브레인월드, 인류미래키워드 왜 뇌에 주목하는가?, 브레인미디어, 2019.03.31.

아이 안에 숨어 있는 두뇌의 힘을 키워라

아이들의 뇌는 놀라울 정도로 유연하여 가소성(plasticity)이 뛰어나다. 새로운 배움에 스펀지처럼 흡수성이 좋아서 잘 받아들인다. 그러나 아이에게 학교 교과 공부를 못한다고 오로지 교과 공부만 하게 하는 부모는 아이의 뇌 발달에 치명적인 손상을 입히고 발달 장애를 가져오게 할 수도 있다.

요즘 아이들은 학교에서 공부를 마치고 숨 돌릴 시간도 없이 바로 학원으로 달려간다. 대부분 영어와 수학과 같은 교과 공부에 또 매달린다. 운동이나 악기도 아이가 원해서 하는 경우보다 부모의 희망에 따라 정해지는 경우가 많다. 이런 생활에 적응을 잘하는 아이들도 있지만 그렇지 않은 아이들은 이 상황에서 도피할 수도 있다. 또 '무엇을', '어떻게' 해야 할지 판단 능력도 미숙하다. 그래서 자칫 어긋난 행동을 하기도 한다.

아이들을 관찰해 보면 신체적 발달 정도와 성격이 다 다르다는 것을 알 수 있다. 활동적인 아이들은 몸을 움직이는 놀이를 좋아한다. 친구들과 함께 호기심을 가지고 이곳저곳을 탐색, 탐구하는 것도 좋아한다. 어떤 아이들은 도서관에서 조용히 책을 읽으며 책 속 세상에서 상상의 나래를 펼치는 것을 좋아한다. 이처럼 아이들은 고유한 특성이 있다. 각자 다른 유전자를 가지고 세상에 태어났고 자라는 환경이 다르기 때문이다.

이러한 아이들의 고유한 특성을 고려하여 최근 학교에서는 독서와 놀이학습에 대한 관심이 높아지고 있다. 몸을 움직이는 놀이를 하거나 독서를 하면서 세상에 대한 호기심을 가질 수 있는 시간들이 아이들의 뇌를 발달시키는 데 좋은 조건이 된다. 아이들에게 무한 상상력과 생각하는 힘을 가지게 하는 독서는 한층 더 뇌를 발달시키는 데 효과적이라고 뇌교육학자들은 말하고 있다.

미래사회는 상상력과 창의력을 가진 인재가 요구되며 직관력과 통합적이고 융합적인 사고력을 필요로 한다. 어떤 일을 대할 때 필요한 집중력과 문제 해결 능력, 상황 적응력은 유능한 인재가 가져야 할 덕목이다. 뇌와 친해지면 이러한 능력을 쉽게 갖추게 된다. 뇌를 알아야 좋은 뇌를 가질 수 있는 방법을 찾을 수 있기 때문이다.

책을 잘 읽는 독서법이 있듯이 뇌도 잘 활용하는 방법이 있다. 뇌 사용법을 알고 활용한다면 뇌를 더욱 활성화하여 건강한 뇌를 가질 수 있다. 뇌교육 전문가들은 뇌를 활용하는 방법 중에 최고의 방법은 독서와 운동이라고 말하고 있다. 이러한 활동은 뇌를 자극하여 활성화시키기 때문에 생각이 깊고 창의력이 뛰어난 뇌로 성장하게 만든다.

1-5

건강한 뇌세포: 뇌는 100세까지 성장한다

"모든 신생아는 그야말로 가능성의 덩어리다. 침대에 누워 있는 아기는 어디에도 찾아볼 수 없는 대단한 존재이며, 타고난 학습머신이다."

《엘리먼트》와 《누가 창의력을 죽이는가》의 저자 켄 로빈슨의 말이다.

솜털 같은 머리카락이 막 나기 시작한 아기의 머릿속은 매일 기적 같은 일이 일어나고 있다. 아기의 뇌 속은 매일 수백만 개의 뉴런의 연결이 만들어지고 있다. 임신 8개월 때 태아의 신경세포는 어른의 2~3배가 된다.

신경세포를 만들기 시작하고 뉴런의 가지들, 즉 시냅스도 뻗어낸다. 무려 1초에 1,800만 개라는 엄청난 속도로 늘어난다. 한 살이 될 때까지 아기의 뇌는 시냅스의 다발로 빽빽하게 들어찬다. 이러한 모습을 생각의 나무에 생각의 가지와 잎이 피어나는 것과 같다고 하여 뇌과학자들은 아기의 뇌를 '황금의 정글'이라고 부르기도 한다.[8)]

독서가 뇌를 건강하게 한다고?

뇌에는 신경세포들 사이의 신호를 전달해 주는 시냅스가 존재한다. 독서를 통해 입력되는 정보들은 뇌의 뉴런과 시냅스의 기능을 더욱 활성화시켜 뇌를 좋게 할 뿐만 아니라 각종 뇌질환에 대한 면역력도 강화해 준다. 매일 운동을 하며 신체를 단련하듯, 독서를 통해 뇌를 단련시킬 수 있다.

책을 읽을 때 소리 내어 읽는 것이 뇌에 효과적이라고 한다. 또 소리 내어 읽기는 전전두엽의 혈류를 늘려 치매 예방에도 효과적이라는 연구결과도 있다. 한 권의 독서가 우리에게 성취감을 느끼게 해 주고, 이러한 성취감은 도파민 분비를 늘려준다. 또한 독서를 통해 얻는 감정의 변화로 행복 호르몬인 엔도르핀과 세로토닌 분비도 많아진다.

영혼을 맑게 해 주는 좋은 책을 읽는 것은 뇌의 긴장을 완화하고 스트레스를 풀어줄 수 있다. 영국 서섹스대학교 데이비드 루이스 팀의 연구결과에 따르면 '독서, 음악감상, 산책 등 취미 활동을 하고 난 후 체내 스트레스 감소율을 측정한 결과, 독서가 68%, 음악 감상은 61%, 산책은 42%로 나타났다. 여기서 독서 부분을 측정하는 6분 동안 심박수가 낮아졌고 근육 긴장도 풀어졌다. 스트레스 해소법으로 독서가 큰 효과가 있다'는 것을 증명하였다.[9)]

---

8) 신성욱, 《뇌가 좋은 아이》, 마더북스, 2013, p. 121.
9) 스트레스 해소법 1위는 독서, 온라인 중앙일보, 2015.01.23.

독서는 뇌의 변화뿐만 아니라 건강에도 도움을 주는 만큼 책 읽는 습관은 우리 몸을 건강하게 하고 삶의 질도 높여 준다. 영국의 유명한 사학자 리처드 스틸이 '독서가 정신에 미치는 효과는 운동이 신체에 미치는 효과와 같다'라고 말한 것처럼 독서는 우리의 건강에도 좋은 영향을 미친다.

배운다는 것은 뇌를 건강하게 하는 일이다

'늙은 개에게 새로운 재주를 가르칠 수 없다.'

영어 속담에 나오는 말이다. 그러나 인간에게는 해당되지 않는 말이다.

배움은 어린 시절에만 가능하고 어른이 되면 뇌가 굳어서 새로운 것을 배우는 것은 불가능하다고 생각했었다. 그러나 최근 뇌과학자들과 신경과학자들이 학습은 평생에 걸쳐 가능하다는 것을 증명하고 있다. 육체는 나이가 들수록 노화되지만 뇌는 늙지 않는다.

학습이라는 것은 외부 환경에서 주어지는 다양한 정보를 뇌에 받아들이는 과정으로 시냅스의 물리적 구조의 변화와 관련이 있다. 즉, 시냅스의 연결이 달라지는 것을 의미한다. 끊어지기도 하고 연결되어 강화되기도 한다. 이같이 뇌세포와 뇌부위가 유동적으로 변하는 것을 뇌가소성이라고 한다.

기존에는 뇌가 성장을 다 하면 뉴런 등의 뇌세포가 그대로 안정화된다고 하였으나, 최근의 연구 결과에서 학습이나 여러 환경에 따라 뇌세포는 계속 성장하거나 쇠퇴한다고 보고되고 있다. 뇌가소성이 존재하지 않는다면 독서뿐만 아니라 학문 연구, 각종 지식을 습득하고 연구할 수 있는 행위의 기반은 만들 수 없을 것이다.

뉴런은 어릴 때 굳어버리는 것이 아니라 전 생애에 걸쳐 계속 새롭게 연결하는 잠재력을 가지고 있다. 뇌가소성은 뇌의 구조가 외부 자극으로 물리적 변화가 일어나고 재구조화된다는 것을 의미한다. 이러한 사실은 런던의 택시 기사와 버스 기사의 뇌 영상 촬영 결과로 검증되었다.

런던 택시 기사들은 방대한 지역의 미로 같은 길을 암기하는 동안 뇌의 특정 영역이 계속 활성화되었다. 뇌 촬영 결과 해마라는 부위가 커져 있었다. 또한 공간 학습과 관련 있는 영역인 후위 해마도 크기가 커져 있었다. 반면, 버스 기사들의 경우에는 그러한 변화가 관찰되지 않았다. 버스 기사는 정해진 길을 따라다니기 때문에 새로운 뉴런 생성이 보이지 않았다. 결국 택시 기사들은 복잡한 도시의 새로운 길을 끊임없이 누비고 다니면서 길 찾기와 같은 도전이 계속되었기 때문에 뉴런 생성이 왕성하게 나타나게 된 것이다.

신경세포, 즉 뉴런은 나이와 상관없이 다른 신경세포와 연결이 가능하다. 연결은 새로운 배움이 일어날 때 활발하게 이루어진다. 새로운 배움은 삶 속에서 끊임없이 일어난다. 독서를 하면서 생각하고 상상하는 일, 학교에서 배우는 새로운 지식과 예술적 활동, 다양한 체험과 경험들이 뇌를 자극하면서 물리적으로 재편성이 시시각각 이루어진다. 이러한 과정들이 뇌를 성장하게 하고 건강한 뇌로 만든다.

100세까지 성장하는 뇌

우리가 뇌를 사용하면 할수록 시냅스는 새롭게 만들어지고, 연결은 더 견고해진다. 이것은 뇌 기능의 향상을 의미한다. 실제로 학생들이 독서나 학습을 통하여 다양한 세계를 경험하게 되면 뇌에서는 새로운 연결망이 생성되어 복잡한 지식 회로가 만들어진다.

100세가 되어도 성장하는 뇌를 갖고 싶은가? 나이와 상관없이 뇌를 잘 활용하여 건강한 뇌를 원한다면 다음 다섯 가지에 주목해야 한다.

• **새로운 일에 도전하라**

'해본 적이 없어서', '아직 준비되지 않았어'라는 부정적인 사고방식은 뇌를 멈추게 한다. 특히 도전이나 호기심은 뇌 기능을 향상시키는 최고의 방법이다. 삶 속에서 늘 새로운 것을 배우는 것에 도전하라. 매일 100쪽 책 읽기도 좋다. 운동하면서 새로운 동작을 익히는 것도 좋다. 악기를 배우는 것도 좋다. 다만 놀이하듯 즐기는 마음으로 하는 것이 중요하다.

• **독서하라**

외부에서 들어오는 정보가 다양한 감각기관을 활용할 때 장기기억이 될 가능성이 크다. 해마와 전두엽은 뇌의 감정영역과 관련 있기 때문이다. 소리 내어 읽기, 새로운 정보가 담긴 책 읽기, 좋은 내용은 필사하기 등은 뇌를 더 많이 자극한다. 이것은 기존의 지식과 경험에 연결되어 뇌를 더 성장시킨다.

• **잘 먹고 잘 자라**

하루 7~8시간의 수면은 낮에 입력한 정보와 기억을 뇌에 차곡차곡 저장하도록 도와준다. 아침 식사는 반드시 챙기고, 항산화 성분이 풍부한 채소와 과일, 잡곡과 견과류를 즐겨 먹으면 좋다. 또한 많이 씹을수록 뇌의 혈류량이 증가하기 때문에 3~4배 더 씹는다는 의식을 가지고 천천히 식사를 즐기자.

• **운동하라**

"신체 건강과 뇌 건강은 연결되어 있다."

칼 세이건이 자신의 저서 《움직여라, 당신의 뇌가 젊어진다》에서 주장한 말이다. 그는 60세 참가자들을 걷기 운동과 쉬운 활동을 하는 집단으로 나누어 1년 후에 MRI로 뇌 검사를 하였다. 실험 결과, 걷기 운동을 한 참가자들은 1년 동안 몸이 더 좋아졌을 뿐만 아니라 뇌가 더 효율적으로 변했다. 특히 측두엽이 전두엽, 후두엽과 이루는 연결이 강해졌다. 이 부위는 뇌에서 노화의 영향을 가장 크게 받는 영역이다. 규칙적으로 운동하면 뇌가 더 효율적으로 작동하고, 노화의 해로운 영향을 멈추게 하거나 심지어 역전시켜 뇌를 더 활기차게 만들 수 있다. 운동은 몸과 마음을 건강하게 하는 비법이다.

- **명상하라**

아침에 일어나 머리를 좌우로 살랑살랑 흔들면서 뇌를 깨워 보자. 아기가 어릴 때 많이 하던 '도리도리'와 같다. 그리고 깊은 호흡과 명상을 하는 것도 몸과 뇌를 깨우는 좋은 방법이다. 또 몸을 가볍게 흔들며 몸의 미세한 진동을 느껴본다. 호흡에 집중하면서 하는 깊은 명상은 생각을 버리는 연습이다. 오로지 호흡에만 집중해 보자. 뇌가 맑아지고 유연해질 것이다.

PART 2

독서로 천재가 된 사람들

2-1

백독백습의 독서왕: 세종대왕

"몹시 추울 때나 더울 때도 밤새 글을 읽어, 나는 그 아이(충녕)가 병이 날까 두려워 늦은 밤까지 글 읽는 것을 금하였다. 그런데도 나의 큰 책은 모두 청하여 가져갔다"는 조선 태종의 말이 전해질 정도로 충녕은 손에서 책을 놓지 않았다.

세종(世宗, 1397~1450, 재위 1418~1450)은 우리 역사에서 가장 위대한 성군으로 추앙받고 있다. 세종이 위대한 왕이 될 수 있었던 것은 책을 늘 가까이 두고 학문에 열중하였기 때문이다. 그는 엄청나게 많은 책을 읽어 호학(好學)의 군주가 되었다.

"정치를 잘하려면 널리 책을 읽어 이치를 깨닫고 마음을 바로잡아야 치국과 평천하의 효과를 낼 수 있다"라고 《태종실록》에도 나와 있듯이 태종은 책을 좋아한 셋째 아들 세종에게 조선을 다스릴 힘이 있다고 생각하였다.

세자 시절 세종이 책을 너무 많이 읽어서 몸이 쇠약해지고 눈병이 나자 아버지 태종은 책을 모두 거두어 읽지 못하게 하였다. 그때 병풍 뒤에 책 한 권이 남아 있었는데 그것을 발견한 세종은 기뻐서 껑충껑충 뛰었다. 매일 그 책을 읽고 또 읽었다. 그 책은《구소수간(歐蘇手簡)》으로 당대 최고의 시인인 소동파와 구양수가 주고받은 편지들이 담겨 있었다. 이 책을 세종은 무려 1,100번이나 읽었다. 세종은 자신이 좋아하는 책을 두고두고 읽는 독서법으로 유명하다.

세종은 백독백습으로 조선 최고의 리더가 되었다. '백독백습(百讀百習)'은 말 그대로 책 한 권을 백 번 읽고 백 번 베껴 쓰면서 익히는 것이다. 유교 경전의 기초교재인 사서삼경을 비롯해 다양한 영역의 책을 밤을 새워가며 읽었다. 한 번 읽고 쓸 때마다 '바를 정(正)' 자를 표시해 가며 1백 번씩 읽고 쓰면서 익혔다고 한다. 세종은 유학의 경전에 그치지 않았고 역사, 법학, 천문, 음악, 의학 등 여러 방면에서 전문가 이상의 지식을 쌓았다. 아버지 태종이 그의 학문의 깊이를 시험하기 위해 다양한 분야에 걸쳐 질문을 던졌을 때도 거침없이 답하여 태종을 놀라게 하였다. 세종의 지적 호기심과 앎에 대한 열정은 왕이 되어서도 그칠 줄 몰랐다. 경서(經書)와 사서(史書)를 읽고 신하들과 함께 토론하는 모임인 경연(經筵)을 2천여 회나 열 정도로 책을 사랑하고 학문에 게으름이 없었다. 태조 때 열린 경연 횟수는 20여 회, 태종 때는 80여 회였다. 역사상 가장 뛰어난 왕으로 세종을 칭송하는 이유가 바로 여기에 있다.

독서 대왕
세종의 독서법

세종의 독서법은 3가지로 이야기할 수 있다.

첫째, 백독백습이다. 독서백편의자현(讀書百編義自見), 즉 '뜻이 어려운 글도 자꾸 되풀이하여 읽으면 그 뜻을 스스로 깨우쳐 알게 된다'는 말로 학문을 깊이 있게 하면 뜻한 바를 이룰 수 있음을 가리키는 말이다. 이러한 방법으로 세종은 아무리 어려운 책이라도 반복해서 읽는 방법으로 많은 지식을 축적해 나갔다. 그리고 세상의 모든 지식을 자신의 것으로 만들고자 하였다. 이러한 지식들이 쌓이자 세종은 세상을 보는 안목과 식견이 높아졌다. 또 늘 창조적인 사고방식으로 일하면서 그의 뇌도 창발적인 뇌로 재편성되었다.

둘째, 시·공간을 초월한 독서이다. 세종은 어려서부터 책을 손에서 놓지 않았다. 《태종실록》에도 경서는 물론이고 역사책, 과학책 등 궁궐 안에 있는 모든 책을 읽었다고 기록되어 있다. 왕이 된 후에도 책을 통한 공부를 게을리하지 않았다. 세종은 때와 장소를 가리지 않고 끊임없이 일어나는 지적 호기심을 해결하기 위해 책을 탐독하였다. 이러한 지독한 독서와 학문에 대한 열정이 세종을 탁월한 능력자로 성장하게 하였으며, 거장으로 기억될 위대한 업적을 남기게 만들었다. 결국 많은 독서가 세종에게 지혜와 통찰력을 주었고, 창의적인 뇌를 가진 조선의 가장 위대한 왕으로 만들었다.

셋째, 함께 읽고 토론하는 독서이다. 세종은 경연에서 신하들과 독서 토론을 즐겼다. 신하들과 토론하면서 새로운 아이디어를 구상하고 나라를 운영하는 지혜를 얻었다.

실제로 세종은 "궁에 있으면서 한가롭게 지내본 적이 없다"고 스스로 고백했을 정도로 한순간도 손에서 책을 놓지 않았다. 심지어 밥상에서도 한 손에는 숟가락을 다른 한 손에는 책을 들고 있을 정도였다. 세종은 끊임없이 읽고 또 읽는 독서광이었다.

오늘날까지 세종은 한글을 창제한 천재적 군주로 존경받고 있다. 그러나 그의 재능은 천부적인 것이 아니었다. 독서를 통하여 생각하는 힘이 좋아지고 다양한 학문을 흡수하면서 융합적이고 창의적인 뇌로 변했던 것이다. 이러한 능력들은 한 권의 책을 백독백습하는 끈질긴 노력과 세상의 지식과 지혜를 흡수하려는 열린 마음이 있었기에 가능하였다.

조선의 엘리트를 위한 사가독서(賜暇讀書)

세종대왕은 학술기관으로 집현전을 설립(1420)하였다. 과거에 급제하여 관리가 된 선비들 중 유능한 자를 선발하여 집현전에서 업무를 보도록 하였다. 세종 8년(1426)부터 이들에게 별도로 휴가를 주어 자택에서 독서와 연구에만 몰두할 수 있는 기회를 제공하였다. 이것이 바로 사가독서였다.

사가독서는 학문 발전을 위해서 젊은 문신들에게 휴가를 주어 독서에 전념하도록 하는 제도였다. 이 제도는 국가에 필요한 유능한 인재를 양성하는 토대가 되었다. 나중에는 사찰이나 궁궐에서 따로 마련해 준 산사에서 하기도 하였다. 기간은 한 달에서 석 달 정도였지만 기간을 정하지 않고 장기간으로 휴가를 보내는 사람도 있었다. 학자들에게 공무에서 벗어나 학식과 교양을 재충전할 기회를 준 것이다.

세종은 국가를 잘 다스리고 미래의 강한 나라를 위해서는 탁월한 인재가 필요함을 일찍이 간파하였다. 그래서 현직 관리들에게 학문에 열중할 수 있는 시간을 준 것이다.

사랑을 실천한 위대한 왕

세종대왕이 그토록 책을 가까이하고 밤낮으로 책을 읽으며 공부한 이유는 무엇일까? 힘들고 외로운 자신과의 싸움을 왜 했을까?

세종대왕은 책을 읽지 못하는 백성들을 위하여 어려운 한자를 쓰지 않고도 배우기 쉬운 새로운 글자를 구상하였다. 다른 나라 글자와 우리의 말을 탐구하면서 마침내 우리 글자를 창조해 냈다. 이 일은 그동안 글자 없는 나라의 자존심을 세운 위대한 업적이었다. 창제한 새로운 글자는 백성(民)을 가르치는(訓) 바른(正) 소리(音), 훈민정음(訓民正音)이라 하였고, 줄여서 정음(正音)이라고도 불렀다.

한편 세종은 한글뿐만 아니라 농사를 지으며 살아가는 가난한 백성들을 구제할 방법도 찾기 위해 노력하였다. 농사 경험이 풍부한 농민들에게 얻은 정보와 연구를 통하여 농사기술을 집대성한 《농사직설(農事直說)》을 편찬하였다. 이러한 노력의 결과 세종 후대에는 토지 1결(=1ha)당 300두(말)였던 수확량은 최고 1,200두(말)로, 무려 네 배나 증가하게 된다.

가뭄도 해결해야 할 큰 과제였다. "비가 언제 얼마큼 오는지 알 수는 없을까?" 이러한 생각이 세계 최초의 '측우기'를 탄생시켰다. 측우기의 발명은 조선에 획기적 변화를 이끌어냈다. 전국의 강우량을 측정하고, 지역별로 비가 많이 오거나 적게 내리는 시기 등 '통계'를 축적하여 농사에 적용하였다.[10]

이처럼 세종대왕은 백성에 대한 큰 사랑을 가지고 있었다. 이러한 마음이 위대한 업적과 창의적인 발명품들을 남긴 것이다. 우리는 지금 그의 위대한 삶을 배우고 또 그분을 만나고 대화를 나누기 위하여 책을 찾는다. 위대한 책을 읽는 것은 종이에 찍힌 활자가 아니라 거기에 담긴 영혼을 흡수하고 있는 것이다.

어쩌면 세종이 치열한 독서를 한 궁극적 목적은 사랑이 아니었을까?

---

10) 대학생기자단, 세종대왕에 대해 알지 못했던 일들, 한글문화연대, 2016.

2-2

필사와 사색을 통한 독서: 레오나르도 다 빈치

"가장 고귀한 즐거움은 이해의 기쁨이다."

르네상스가 낳은 최고의 천재 레오나르도 다 빈치(Leonardo da Vinci, 1452~1519)가 한 말이다. 그의 과학적 정신과 새로운 개념의 발견 그리고 창의성에 대한 열정을 가장 잘 반영하는 말이다. 레오나르도는 늘 세상에 대한 호기심과 질문에 대한 답을 찾기 위해 많은 시간을 고민하고 사색하였다. 새로운 사실을 이해하였을 때 사람들은 무지에서 탈출하는 기쁨을 가진다. 2,500년 전부터 위대한 성현으로 불렸던 '공자'도 배움의 즐거움에 대하여 말하지 않았던가?

레오나르도 다 빈치는 다방면에 천재성을 드러낸 인물 중에 역사상 가장 창의적인 인물이었다. 스티브 잡스가 레오나르도에 대해 말한 적이 있다. "그는 예술과 공학 양쪽에서 모두 아름다움을 발견했으며, 그 둘을 하나로 묶는 능력이 그를 천재로 만들었다."

레오나르도의 어린 시절

레오나르도 다 빈치는 1452년 이탈리아 토스카나 지방의 빈치라는 작은 마을에서 태어나 어린 시절을 보냈다. 그는 피렌체에서 공증인으로 일하던 아버지와 가난한 농부의 딸 사이에 태어난 사생아였다. 부모가 귀족이 아니었기 때문에 대학 진학은 포기할 수밖에 없었다. 그래서 배움에 대한 열망이 더 컸다.

레오나르도는 어릴 때부터 그림 그리기를 좋아했다. 아버지가 공증인이었기 때문에 집에는 항상 종이가 있었다. 당시는 종이가 귀한 물건이었다. 레오나르도는 아버지의 서재에서 종이를 몰래 가지고 나와서 주변의 풍경과 대상들을 그리는 것을 즐겼다. 그림을 그릴 때는 평소보다 집중해서 관찰해야 잘 그릴 수 있다는 것도 깨달았다. 14세에 고향을 떠나 피렌체로 이주하면서 그림 공부를 본격적으로 시작하였다. 유명한 미술가 베로키오의 제자가 되어 20대 초반까지 공방에서 도제교육을 받았다. 미술과 공학, 기계학, 화학 등 많은 가르침을 받았다. 후에 스승을 능가하는 예술가가 되어 30대 후반부터 널리 이름을 알렸다.

훗날 그는 뛰어난 화가로 알려졌지만 사실은 조각가, 발명가, 건축가, 과학자, 음악가, 공학자, 문학가, 해부학자, 지질학자, 천문학자, 식물학자, 도시계획가, 기술자로도 뛰어난 자질을 보여 주었다. 그래서 그는 다양한 분야에서 수많은 창의적인 업적을 남겼다. 심지어 그는 요리사로 활동한 적도 있고, 자기소개서를 쓸 때 그림의 재능보다 군사용 병기 개발을 먼저 이야기했다고 한다. 이것은 그가 왕성한 지식 욕구를 가지고 자신의 삶을 끊임없이 자극하면서 지식에 대한 탐구를 끝까지 추구했다는 것을 보여 준다.

천재가 된 레오나르도

천재는 태어나는 것일까?

만들어지는 것일까?

유전적인 요소를 모두 배제하고 천재를 논할 수는 없다. 하지만 후천적 교육환경과 혹독한 연습 그리고 실패에 굴하지 않는 인내와 같은 내재적 특성들이 천재성을 발현하도록 돕는다. 여기에 더불어 천재성을 발휘하도록 돕는 주변인이 있다. 레오나르도 다 빈치가 살던 당시 피렌체에는 부와 권력을 가진 메디치 가문이 있었다. 메디치 가문은 뛰어난 예술가나 학자들을 후원하였다. 메디치 가문은 그들에게 재능과 학식을 펼칠 수 있는 공간을 마련해 주었다. 어떠한 걱정도 없이 자신의 상상력을 표현할 수 있게 지원해 주었다. 또한 서로 경쟁을 통하여 소질과 잠재능력을 계발하고, 서로에게 자극제가 되는 관계가 되었다. 그러자 더 많은 천재가 줄지어 탄생하는 시너지 효과를 가져왔다. 결국 천재는 태어난다기보다 개인의 열정과 신념 그리고 시대적 배경과 후천적 환경과 같은 차별화된 구조 속에서 만들어진다고 볼 수 있다.

레오나르도는 역사상 가장 위대한 천재 중의 천재라고 한다. 이 위대한 천재가 태어날 때부터 천재적인 능력을 갖추고 있었다는 것은 증명할 수 없다. 다만, 레오나르도는 15세 이후에 피렌체에서 그림 공부를 하면서 다방면의 책을 접할 기회를 가질 수 있었다. 당시 유럽 최고의 도서관이었던 비스콘티가의 도서관을 알게 되면서 깊이 있는 독서에 빠져들었다. 30대 후반의 적지 않은 나이에 인문고전을 읽으면서 뇌에 변화가 일어나기 시작했다. 인문고전을 원문으로 읽기 위해 라틴어를 배우기도 하였다. 끈질긴 노력과 열정 그리고 지적 호기심은 그의 생각과 삶을 바꾸어 나갔다. 의지력과 끈기가 천재성을 가지게 하는 데 중요한 역량임을 말해 준다.

당시 피렌체는 유럽에서 책이 가장 많은 도시였다. 사실 르네상스 이전 중세시대에 '지식'은 교회 도서관에 보관된 책이 전부였다. 즉, 이 시대 사람들에게 '앎'이라고 하는 것은 책을 읽고 지식을 머릿속에 쌓는 것이었다. 당시 유럽에는 5만여 권의 책이 있었는데 귀중품으로 분류되어 아무나 가질 수 있는 물건이 아니었다. 지식을 습득하기 위해서는 책이 있는 곳에 접근할 수 있어야만 가능했고 그 권한을 가진 사람은 극소수였다.

유럽에 르네상스 시대가 열리면서 레오나르도는 신 중심에서 인간 중심으로 모든 사상의 변화가 일어나는 중심에 살게 되었다. 또 인쇄술의 급속한 발달로 수많은 책이 쏟아져 나왔다. 자연스럽게 지식인층이 형성되었고 일반인도 지식인으로 상승할 기회를 가졌다. 어쩌면 많은 책의 출간과 시대적 상황이 레오나르도의 삶과 맞아떨어졌는지도 모른다.

이렇게 지식의 보고인 책이 급속하게 보급되면서 레오나르도는 세상에 흩어져 있던 지식을 흡수할 수 있게 되었다. 또 위대한 현자들의 지혜가 담긴 고전을 읽을 수 있었다. 레오나르도가 읽은 책은 〈성서〉를 비롯하여 플라톤의《국가》,《소크라테스의 변명》과 아리스토텔레스의《시학》,《정치학》,《범주론》, 루크레티우스의《사물의 본성에 관하여》와 리비우스의《로마사》와 같은 인문고전들뿐만 아니라 과학, 수학, 의학 등 분야를 가리지 않고 독서를 하였다.[11] 레오나르도는 세상에 대한 호기심과 탐구욕을 책을 통하여 해결하였다.

이처럼 레오나르도는 치열하게 독서를 하면서 다양한 학문의 지식을 섭렵할 수 있었다. 그러자 그의 잠재된 능력이 천재성으로 나타나기 시작했다. 자신의 능력을 계발하는 데 독서가 크게 영향을 준 것이다. 레오나르도의 뇌는 치열한 독서로 활성화되어 크게 성장하였다. 역사상 수많은 천재의 공통점은 모두 독서의 신이라는 것이다.

11) 한우리 독서지도사(블로그),「독서가 열전」레오나르도 다 빈치.

레오나르도의 독서법

레오나르도는 책을 소장하는 것도 좋아했다. 200권 이상을 소유하였다고 알려져 있다. 일반인들은 책을 구입할 엄두조차 낼 수 없던 시절에 대학자들이나 소장할 분량이었다.

레오나르도의 독서법을 네 가지로 요약하면 다음과 같다.

첫째, 고전을 읽으면서 필사(筆寫)하는 것을 즐겼다.

《필사 쓰는 대로 인생이 된다》의 저자 김시현은 "손으로 하는 독서, 즉 필사는 베껴 쓰는 것 이상의 의미가 있다. 세상을 바꾼 창조는 모방에서 시작되었기 때문이다"라고 했다. 창조는 모방에서 시작된다. 레오나르도는 천재들이 남긴 인문고전을 필사하면서 위대한 거장들의 사고방식과 삶의 지혜를 흡수할 수 있었다.

둘째, 책을 읽으면서 생각하는 독서를 하였다.

《생각하는 독서》의 저자 김영채는 "효과적인 독서는 글의 내용을 구조적으로 깊게 이해할 수 있어야 한다. 뿐만 아니라 더 나아가 논리적으로 판단하고 자신의 아이디어도 생각해 낼 수 있어야 한다"라고 말한다. 바로 생각하는 독서를 하라는 것이다. 책은 눈으로 읽는 것이 아니다. 뇌로 읽어야 한다. 우선 시각 정보를 통하여 뇌로 들어온 글자의 내용을 이해해야 한다. 그러고 나면 뇌에서 기존에 연결되어 있던 지식 구조와 융합되거나 새로운 연결이 만들어진다. 이런 과정이 쌓여서 사고력이 향상되고 뇌도 발달한다.

셋째, 독서 후에 깊은 사색을 통해 창의적인 생각을 키워나갔다.

우리의 뇌는 책을 읽거나 경험을 통하여 새로운 지식을 창조해 낼 수 있는 능력을 갖추게 된다. 또한 지식과 경험을 기억하는 것에 그치지 않고 깊은 사색과 더불어 뇌 회로의 구조화와 추상화가 일어난다. 이러한 작업이 창의적인 개념설계가 가능한 뇌로 변화하게 만든다.

넷째, 독서하면서 떠오른 아이디어를 바로 기록하였다.

레오나르도 다 빈치는 항상 독서 목록을 노트에 정리하여 자신이 읽고 싶은 책에 대해 구상하였다. 그는 독서를 통해 알게 된 새로운 지식을 꼼꼼히 서술하였고, 그를 기반으로 사색한 내용과 관찰하고 실험한 내용을 그림으로 기록하였다. 그가 남긴 기록은 7,200쪽이나 된다.

레오나르도의 작업 노트를 코덱스 레스터(Codex Leicester)라고 한다. 그중에서 72쪽짜리 코덱스 해머(Codex Hammer)라는 노트를 세계적인 거부 빌 게이츠가 구입하였다. 빌 게이츠가 코덱스 해머를 손에 넣기 위해 지불한 돈은 3,100만 달러. 빌 게이츠가 아무리 부자지만 어마어마한 돈을 지불할 만큼 값어치가 있는 물건일까? 여기에 사람들은 '20세기 천재가 르네상스 시대의 위대한 천재의 노트를 통해 영감을 얻으려는 것은 아닐까?'라고 유추하였다.

2-3

삼박자 독서법: 다산 정약용

'세상에서 가장 아름다운 소리, 책 읽는 소리'

다산(茶山) 정약용(丁若鏞, 1762~1836)은 〈송파수작〉이라는 시에서 '세상에서 가장 아름다운 소리는 눈 덮인 산 깊은 곳에서 들려오는 책 읽는 소리'라고 하였다. 유배지 강진의 초당에서 복사뼈가 세 번이나 내려앉을 정도로 책을 읽었다. 지금도 그는 위대한 정치가, 독서가, 저술가로서 후대 사람들에게 귀감이 되고 있다.

그는 건축을 전공하지 않았지만, 한강에 다리를 세웠고, 수원성 축조에 쓸 거중기도 만들었다. 형이 유배지 흑산도에서 병에 걸렸을 때는 처방전을 지어 보낼 정도로 의학 지식도 가지고 있었다. 뿐만 아니라 정약용은 정치, 경제, 사회, 문화 등 모든 분야에 걸친 대가였다.

다산 정약용은 우리 역사상 위대한 인물들 중에서도 늘 책과 함께한 독서광으로 유명하다. 많은 책을 저술하고 다양한 방면에서 전문가적 재능을 보일 수 있었던 것은 엄청난 양의 독서가 있었기 때문이다. 정약용은 치열한 독서를 통하여 자신의 삶을 바꾸었다. 그리고 의식의 확장으로 백성을 바라보는 시각이 달라졌다. 그것은 인간에 대한 사랑이었다. 또한 그는 수없이 많은 독서로 창의적이고 융합적인 뇌를 가지게 되었다. 이러한 뇌를 활용하여 500권 이상의 책을 저술하고, 일반인은 감히 상상할 수 없는 다양한 분야의 학문을 연구하여 위대한 업적을 남겼다.

또한 많은 독서로 창조적이고 융합적인 사고력을 가지게 된 다산은 국가를 관리하는 사람의 올바른 마음가짐 및 몸가짐에 대해서도 기록하였다. 또한 나라의 제도와 법규의 개혁 방향에 대해서 논하는 등 그가 저술한 방대한 내용의 책들을 보면 다산이 얼마나 나라와 백성을 위하는 마음이 지극하였는지 알 수 있다.

문심혜두(文心慧竇)

"내가 몇 년 전부터 독서에 대하여 깨달은 바가 큰데 마구잡이로 그냥 읽어내리기만 한다면 하루에 백 번 천 번을 읽어도 읽지 않는 것과 다를 바가 없다. 무릇 독서하는 도중에 의미를 모르는 글자를 만나면 그때마다 널리 고찰하고 세밀하게 연구하여 그 근본 뿌리를 파헤쳐 글 전체를 이해할 수 있어야 한다. 날마다 이런 식으로 책을 읽는다면 수백 가지의 책을 함께 보는 것과 같다. 이렇게 읽어야 책의 의리(義理)를 훤히 꿰뚫어 알 수 있게 되는 것이니 이 점 깊이 명심해라."

다산 전문가 박석무가 《유배지에서 보낸 편지》를 편역한 책에 나오는 글이다.

또한 다산연구소의 《풀어쓰는 다산 이야기》에서 박석무는 문심혜두(文心慧竇)에 대해 말하고 있다. 다산은 우선 사람을 제대로 가르치려면 그 사람의 문심혜두를 개발시켜야 한다고 강조하였다. 문심이란 '문자를 알아차리는 마음이자 글을 이해하는 능력'이고, 혜두는 '지혜의 구멍, 곧 지혜의 샘'을 의미한다. 계속 열심히 익히고 외우다 보면 어느 순간 글이 내 마음을 움직여서 '지혜의 구멍'이 뻥 뚫린다는 것이다. 공부는 왜 하는 걸까? '지혜의 구멍'을 뚫으려고 하는 것이다. '지혜의 구멍'이 뻥 뚫리면 사람은 빠르게 성장한다. 한순간에 몇 단계를 뛰어오르게 된다는 것이다.

아이들은 학교에서 많은 시간을 학습하고 교사와 함께 배우며 공부를 한다. 가끔 실력이 갑자기 향상된 아이들을 만날 때가 있다. 배움의 향상은 어느 날 갑자기 오지 않는다. 많은 독서와 지식의 축적 그리고 수업을 통한 다양한 학습의 결과이다. 지적 호기심을 가지고 끈질기게 노력하는 아이들은 전문가가 방향만 잡아주어도 배우는 속도가 빨라지는 것을 볼 수 있다.

우리나라 학부모의 최대 관심사는 자녀교육이다. 자녀들이 공부를 잘해서 명문 대학교에 진학하기를 바란다. 이러한 학부모에게 다산의 문심혜두의 가르침은 자녀의 공부 실력을 높이는 데 중요한 메시지를 준다.

아이들이 다양한 분야의 독서를 꾸준히 하게 되면, 어느 순간 사용하는 어휘가 달라진다. 구사하는 어휘가 바뀌면 생각과 행동도 바뀐다. 그리고 의식이 열리는 경험을 하게 된다. 결국 '지혜의 구멍'을 열려면 독서가 필요하다. 그냥 읽어서는 안 된다. 1일 100쪽 읽기, 1일 1권 읽기와 같이 목표를 정해서 강한 동기를 가지고 치열하게 읽고 또 읽어야 한다.

다산은 국가로부터 탄압을 받고 배척을 당해 패가망신에 폐족이 되었다. 외딴 바닷가에서 18년의 유배 생활을 하면서도 자나 깨나 백성과 나라에 대한 걱정을 버리지 못했다. 국민의 대다수가 문맹이던 조선 시대, 그 무지몽매한 백성들이 문자를 해독하고 지식을 습득하지 않고는 나라가 제대로 될 수 없다는 생각에 백성의 '문심혜두'를 계발하는 일에 게을리하지 않았다.

다산의 백성 사랑: 목민심서

《목민심서(牧民心書)》는 목민관으로 부르는 지방 수령이 지켜야 할 지침(指針)을 밝히면서 관리들의 폭정을 비판한 저서이다. 즉, 고을의 수령이 바른 행정을 하는 데 꼭 필요한 책이었다. 실제로 수령이 백성을 잘 다스리는 법을 담고 있다. 부임하는 일에서 시작해서 청렴하고 검소한 생활, 바른 몸가짐, 공적인 일을 수행하는 법, 백성을 위한 일, 아전들 단속하기, 세금, 예절, 군사, 재판, 흉년에 백성들 구제하기, 퇴임하는 일 등을 기술하였다. 또한 당시의 실상과 관행을 속속들이 파고들어 병폐의 원인을 찾고, 해결책을 구체적으로 분석하여 기술해 놓았다.

이같이 《목민심서》를 비롯하여 다산이 저술한 500여 권의 책은 애민 정신이 담겨 있는 책이 많다. 바로 다산이 꿈꾸던 나라는 백성이 주인인 나라였기 때문이다.

다산은 자신이 살았던 현실에 대한 고뇌와 안타까움에 그치지 않고, 문제 해결 방법을 자신의 책에 제시하였다. 백성을 중심으로 생각하며 백성을 사랑하는 마음으로, 정치 제도를 개혁하고 지방 행정을 개선하도록 말이다. 이것이 사회적 약자 편에서 세상을 바라본 다산의 진정한 애민 사상인 것이다.

베트남 민족지도자 호찌민(1890~1969)은 전쟁 중에도 《목민심서》를 품에 안고 다녔다고 한다. 호찌민은 30여 년 동안 아시아의 반식민지 운동을 이끈 인물로 20세기에 영향력 있는 지도자 중 한 사람이었다. 이러한 그가 죽을 때 유언으로 "정약용의 목민심서를 곁에 두라"고 했다. 그에게 《목민심서》는 국민을 사랑하는 마음을 갖게 해 주었고, 부정부패를 하지 않는 청렴한 지도자가 되도록 안내해 준 책이었다. 그에게 《목민심서》는 평생 본받고 실천해야 할 과제였다.

다산이 22세 때 당시 32세의 정조를 만났다. 18년 동안의 정조와 다산의 만남은 백성을 위한 위대한 만남이었다. 학자와 성군으로 독서를 통한 학문적인 만남이기에 더욱더 소통이 잘 되었다. 다산만큼 책을 좋아했던 정조는 그와 함께 책을 읽고 토론하기를 좋아했다. 정조는 다산을 통하여 백성들이 잘사는 조선을 꿈꾸었다. 정조가 떠난 후에 다산은 모함의 표적이 되어 유배되었다. 유배지 강진에서 그는 정조의 뜻을 이루기 위해 독서와 저술에 전념하였다.

다산과 정조에게 있어서 독서는 국가와 백성을 위한 삶을 사는 데 필요한 지혜와 통찰력을 가지게 해 주었다. 그리고 그들은 백성들이 잘 사는 나라를 만들기 위해 늘 연구하고 실천하는 삶을 살았다. 이러한 마음은 맹자의 생각과도 일치한다. 맹자는 민본(民本)을 말했다. 그는 나라를 다스리는 데 백성이 가장 근본이라고 역설하고 실천한 위대한 성인이었다. 이처럼 맹자가 생각한 민본은 바로 다산이 추구하고자 하는 백성에 대한 기본 생각과 일치하였다.

다산의 삼박자 독서법

다산은 문학, 철학, 정치, 경제, 역사, 지리, 의학, 과학 등 다방면에 걸쳐 탁월한 능력을 발휘하여 책으로 엮어냈다. 공학자, 발명가로서도 탁월함을 보여주었다. 그는 유배지 강진에서 일반인은 상상조차 할 수 없는 혹독한 독서를 하였다. 이러한 독서는 그의 지적 탐구욕에서 시작된 것으로 평생을 학문에 몰두하게 하였다. 다산의 독서는 단순히 읽기만

하는 것으로 끝나지 않았다. 그는 책을 읽기 전에 동기와 목표를 세우고, 책을 읽을 때는 중요한 내용을 따로 적어 두는 방법으로 읽었다.

권영식은《다산의 독서전략》에서 삼박자 독서법을 말하고 있다. 다산이 활용했던 정독(精讀), 질서(疾書), 초서(抄書)를 말한다.

정독은 글을 아주 꼼꼼하고 자세하게 읽는 것을 말한다. 책을 빨리 읽기만 하고 생각하지 않는다면 책을 읽는 의미가 없다. 책을 읽을 때 자신을 성찰하고 작가의 마음을 헤아리며 자신의 생각과 비교해 보면서 읽는 것이 중요하다.

질서는 메모하며 읽는 것을 말한다. 무작정 책을 읽기보다는 '저자는 왜 이런 주장을 하였을까?'와 같은 의심을 가지고 비판적으로 접근하면서 자신의 생각을 메모하는 독서법이다. 다산은 책의 여백마다 자신의 생각을 적는 메모광으로 유명하다. 그가 읽은 책을 보면 온통 메모로 가득하다. 강진에 유배를 가 있을 때 읽은 책에는 메모를 남긴 날짜뿐만 아니라 그날의 건강 상태까지 적혀 있다.

초서는 입으로 읽고 눈으로 읽은 다음에 손으로 읽는 독서법이다. 초(抄)는 '노략질한다'라는 뜻으로 '초서'란 '책을 노략질한다'는 의미이다. 즉, 책의 중요한 부분만 노략질하듯이 베껴가며 읽는 방법을 말한다. 필사와 다른 점은 단순히 베끼기보다 자신이 목표하는 것과 찾고자 하는 것을 책에서 발견하고 그것을 옮겨 적는 독서법이다. 다산 정약용은 복잡하게 얽힌 방대한 지식과 학문을 초서 독서법으로 일목요연하게 융합하고 정리하여 새로운 지식을 창출하였다.

다산은 이러한 독서전략과 축적된 지식을 바탕으로 위대한 내용을 담은 수많은 책을 펴낼 수 있었던 것이다. 그는 한 권의 책을 볼 때마다 한 글자라도 그 뜻을 모르는 부분이 있으면 깊이 고찰하여 끝까지 글자의 근원을 밝혀 자신의 것으로 만드는 방법으로 독서하였다. 그래서 지적으로 탁월하고 창의적으로 사고하는 뇌로 변화가 일어난 것이다. 폭발적으로 변화한 뇌는 그를 천재적인 창조자로 만들었다.

'유배지에서 보내온 편지'에서 배우다

다산은 《유배지에서 보내온 편지》에서 두 아들에게 "늘 독서를 하여 학문을 정진시키고 몸과 마음을 단련하는 것이 쓰러진 가문을 다시 일으킬 수 있는 기회다"라고 말했다. 그리고 다산은 아들들에게 배움과 더불어 실천을 중시하였다. 독서가 독서로 그쳐서는 안 되며, 독서하고 연구한 것이 인간의 삶과 생활을 더욱 풍성하고 유익하게 변화시킬 때 그 가치가 있다고 말했다. 그래서 아들들은 유배지에서 보내온 아버지의 편지에 따라 생각과 행동을 바꾸고 실천하는 삶을 살면서 늘 몸과 마음을 정진하는 것을 게을리하지 않았다.

이처럼 다산은 유배지에서 아들들에게 편지로 가르침을 주었다. 친구 사귀는 법, 책을 읽고 쓰는 법, 밭을 가꾸고 생계를 유지하는 방법 등을 세세하게 편지로 적어 아들들을 교육하였다. '독서를 통하여 꾸준하게 공부해서 가문을 다시 일구어야 한다. 항상 책을 통하여 끊임없이 연구하고 몸과 마음을 단련하여라. 작은 일이라도 책을 통하여 그 방법과 기술을 익히면 쉽게 더 많이 수확하고 거둘 수 있다'고 했다.

이같이 정약용이 유배지에서 아들에게 보내는 편지의 내용은 지금도 많은 사람이 읽고 또 읽는다. 그 속에는 자녀교육과 삶의 지혜 그리고 독서를 통한 학문 연구와 인간 사랑에 대한 이야기가 담겨 있기 때문이다. 다산의 편지는 끊임없이 책을 읽고 공부하는 것이 자신의 위대한 내면의 힘을 키우고, 이타적인 삶을 사는 데 초석이 된다는 깨달음을 준다.

2-4

난독증을 극복한 독서천재: 발명왕 에디슨

"책을 많이 읽어라. 책 속에는 네가 궁금해 하는 모든 문제의 해답이 있단다. 시간이 날 때마다 도서관에 가서 네가 읽고 싶은 책을 마음껏 읽어 보거라."

에디슨이 학교에서 쫓겨나자 에디슨의 어머니도 교사직을 그만두고 직접 에디슨을 교육하면서 한 말이다.

토머스 앨바 에디슨(Thomas Alva Edison, 1847~1931)은 오하이오 주 밀란에서 태어나 미시간 주 포트 휴런에서 어린 시절을 보냈다. 학교 부적응으로 정규 교육을 받은 것은 고작 3개월뿐이었다. 가정은 형편이 넉넉하지 못했다. 어려운 집안 형편을 돕고자 12세부터 기차에서 신문팔이와 철도 급사일을 했다. 기차를 타고 여러 곳을 다니며 일하는 것도 힘들었을 텐데, 틈틈이 기차와 같이 움직이는 기계와 부품의 작동원리에 대해 호기심을 가지고 관찰하고 탐구하였다. 학교 교육을 제대로 받지 못했지만 궁금한 것은 책을 탐독하면서 해결하였다. 특히 과학 관련 서적을 많이 읽었는데, 가는 도시마다 공공도서관을 이용하였다.

훗날 에디슨은 백열전구, 축음기, 타자기, 마이크 등 무려 1,093가지를 발명하여 발명왕으로 불렸다. 에디슨이 발명왕이 될 수 있었던 것은 어릴 때부터 세상의 모든 사물과 자연 현상에 대해 많은 호기심을 가지고 있었고, 늘 책을 가까이하여 넓고 깊은 독서를 하였기 때문이다. 또한 끈질기게 탐구하여 문제를 해결하려는 실험정신이 그를 창의적이고 입체적인 사고를 하는 뇌로 변화시켰다.

위대한 사랑의 힘: 잠재된 능력을 발현시키다

"변명 중에서도 가장 어리석고 못난 변명은 '시간이 없어서'라는 변명이다."

위대한 발명가이자 독서광이었던 에디슨이 한 말이다. 에디슨은 어머니의 지극한 사랑과 혹독한 책 읽기로 천재성을 발현하여 발명왕이 되었다. 그의 잠재능력은 어머니가 아니었으면 세상에 나오지 못하였을 것이다.

에디슨이 어머니의 도움으로 책 읽기를 많이 한 것으로 알려져 있지만 사실 에디슨은 난독증을 가지고 있었다. 그래서 학업하기에 어려움이 있었고 학교를 일찍 그만두었다. 그러나 에디슨은 어머니의 지극한 정성과 혹독한 교육으로 난독증을 극복하였다. 난독증을 극복하면서 도리어 어마어마한 독서가로 변신하였다. 인문고전, 역사, 과학, 수학 등 다양한 분야의 많은 책도 섭렵할 수 있었다.

난독증은 읽는 데 힘이 많이 들어 독해력이 떨어지는 모습을 보이지만, 지능이 낮거나 집중력 부족으로 글을 못 읽고 이해하지 못하는 것은 아니다. 유럽난독증협회에 따르면 현재 난독증을 앓고 있는 사람은 평균적으로 전 세계 인구의 약 5% 정도를 차지한다고 한다. 전문가들은 우리나라 전체 초·중·고등학생 중 약 2~4% 정도가 난독증인 것으로 추정하고 있다.[12)]

얼마 전 〈지상의 별처럼〉이라는 인도 영화를 보았다. 난독증이 있는 주인공 이샨은 학교에서 늘 학습 부진아, 문제아로 낙인찍혀 있었다. 집에 돌아오면 아버지에게 또 혼쭐이 났다. 공부 잘하는 형과 비교하면서 '너는 왜 형처럼 못하냐', '왜 노력하지 않느냐', '앞으로 지독한 경쟁 사회에서 어떻게 살아갈 것이냐'하면서 야단만 쳤다. 이샨은 공부시간에 책을 읽으려 해도 이샨의 눈에는 글자가 춤을 추는 것 같이 어지러워 글을 잘 읽지 못했다. 학교 공부는 뒤처질 수밖에 없었다.

그러나 아무도 그가 남다른 재능이 있다는 것을 알아보지 못했다. 이샨은 평소 그림 그리기를 좋아했고 우수한 재능을 가지고 있었다. 부모는 이러한 재능을 발견하지 못하고 오로지 공부를 잘해서 명문 학교

---

12) 주혜진, 피카소와 에디슨도 난독증이었다, 경향신문, 2013.

를 졸업하고 좋은 직장에 들어가기만을 바랐다. 정신적으로 힘든 학교생활을 하던 이샨에게 어느 날 자신의 상황을 이해하고 도움을 주려는 미술 선생님을 만나게 된다. 미술 선생님도 어렸을 때 난독증으로 읽기가 힘든 학생이었다. 하지만 모든 것을 극복하여 장애가 있는 아이들을 가르치는 선생님이 되었다. 결국 미술 선생님의 도움으로 글자를 읽게 되고, 그림 그리기 대회에서 1등을 하면서 모든 상황이 달라졌다. 친구를 사귀고 자신감이 생긴 이샨은 활기찬 학교생활을 하게 된다.

이 영화는 어린 학생들의 특성을 무시한 채 진행될 수밖에 없는 획일화된 교육 제도를 비판하고 있다. 아이들 능력은 겉으로 드러나지 않고 잠재되어 있는 경우가 많다. 다만 부모나 교사가 그 능력을 발휘하도록 이끌어주지 못할 뿐이다.

사실 난독증이 있는 아이들도 부모나 교사가 모르는 뛰어난 능력을 갖추고 있다. 천재 물리학자 아인슈타인, 천재 과학자 뉴턴, 유명한 영화배우 톰 크루즈도 어릴 때 난독증을 가지고 있었다. 그러나 그들은 난독증을 극복하고 크게 성공하였다.

최초의 인간은 난독증을 가진 사람처럼 책 읽는 뇌를 가지고 있지 않았다. 그래서 말을 언어로 표현하는 것은 훈련이 필요했다. 이러한 과정에서 책 읽는 뇌로 변하고 독서가가 된 것이다.

위대한 어머니

어느 날 에디슨은 선생님으로부터 편지 하나를 받는다. 편지를 받은 어머니는 눈물이 고인 채 에디슨에게 편지를 읽어 주었다.

"당신의 아들은 천재입니다. 우리 학교는 이 아이를 가르칠만한 좋은 교사가 없고 아이에게는 너무 작은 학교입니다. 그러니 집에서 직접 가르치십시오." 그로부터 수십 년이 지나 어린 에디슨은 성장하여 세계 최고의 발명왕이 되었다.

훗날 에디슨은 어머니의 유품을 정리하다가 책상 서랍 한 켠에 접힌 종이를 발견했다. 에디슨은 그것을 펼쳐보았다.

"당신의 아들은 저능아입니다. 더 이상 학교에 오는 것을 허락하지 않습니다."

이것을 읽은 에디슨은 한참을 울은 후에 자신의 일기에 이렇게 썼다.

"토머스 에디슨은 저능아였지만 나의 영웅적인 어머니 덕분에 세계 최고의 발명가가 되었다."

에디슨의 어머니는 결혼하기 전에 교사생활을 하였다. 그런 경력이 있었기에 에디슨의 잠재능력을 알아보고 직접 교육하여 책을 읽게 만들고 도서관에 있는 모든 책을 읽은 독서광으로 만들었다.

이처럼 도서관은 에디슨의 호기심을 해결해 주었고, 에디슨의 뇌를 창조하는 뇌로 변화시켰다. 그리고 그는 역사상 가장 위대한 발명가가 되었다. 에디슨의 뇌와 인생을 바꾸어 놓은 것은 바로 책이었다.

천재가 된 에디슨

혁신을 이뤄낸 사람들은 문제가 닥쳤을 때를 대비해 하나가 아닌 다양한 옵션을 준비한다. 헤밍웨이는 소설 《무기여 잘 있거라》를 위해 47가지에 달하는 결말을 준비했고, 먼지 봉투가 필요 없는 진공청소기를 처음 개발한 제임스 다이슨은 15년간 무려 5,127개의 시제품을 만들었다.[13)]

최초로 전구 아이디어를 낸 사람은 에디슨이 아니라 그보다 79년 앞선 험프리 데이비였지만, 그 전구의 필라멘트는 열에 오래 견뎌내지 못했다. 에디슨은 백열전구의 필라멘트 재료로 3,000여 가지의 소재를 실험하였다. 결국 사상 처음 대량 생산이 가능한 전구를 개발한 사람은 끊임없이 옵션을 만들고 실패를 두려워하지 않은 에디슨이었다.[14)]

발명왕 토머스 에디슨은 특허수가 1,000종이 넘을 정도로 많은 발명을 했다. 그는 어릴 때 난독증을 가지고 있었던 부적응 학생이었지만 열렬한 독서로 지식욕이 왕성하고 탐구 정신이 강한 천재가 된 것이다.

이처럼 창의적인 결과물은 수많은 시도 끝에 탄생한다. 어떤 옵션이 성공할지 예측하는 것은 어려운 일이기에 창의적인 사람들은 성공을 위해 늘 다양한 아이디어를 준비한다. 그들은 연속되는 실패에도 굴

---

13) 데이비드 이글먼·앤서니 브란트, 《창조하는 뇌》, 엄성수 옮김, 쌤앤파커스, 2019, p. 183.
14) 위의 책, pp. 212–213.

하지 않는 도전 정신과 문제 해결을 위한 새로운 시도를 통하여 노하우를 축적해 나간다. 혁신을 이뤄낸 사람들은 포기하지 않고 한 번 더 시도하는 것을 선택한 사람들이었다.

2-5

시대를 앞서나간 대사상가: 혜강 최한기

우리 역사상 가장 많은 책을 쓴 사람은 누구일까? 바로 혜강(惠岡) 최한기(崔漢綺, 1803~1877)다.

육당(六堂) 최남선(崔南善, 1890~1957)은 저서 《조선상식문답》에서 혜강 최한기 선생을 두고 "혜강은 1,000권의 저술을 남겼는데, 아마도 우리나라 저술상 최고의 기록이고 신·구학을 통달하여 그 내용도 퍽 재미있다"라고 했다.

혜강은 외국에서 들어오는 수많은 책을 구입하여 탐독하면서 다방면의 학문에 심취하였다. 그리고 동양과 서양의 학문을 융합하여 책을 저술하는 데 몰두하였다. 현재까지 전해지고 있는 책은 15종 80여 권뿐이지만 《농정회요》, 《청구도제》, 《기측체의》 등 그가 저술한 책이 1,000권이 넘는다. 여기서 더 놀라운 사실은 혜강은 자신의 모든 자산을 책을 사는 데 썼다는 것이다.

조선시대 실학자, 최고의 독서가, 최고의 책 수집가로 알려진 최한기는 "밥은 우리의 육신을 살찌우고 책은 우리의 정신을 길러준다. 밥은 한 끼만 걸러도 허기가 진다고 하면서 책은 날마다 읽지 않아도 아무렇지도 않게 여긴다. 밥을 챙겨 먹듯이 책도 꾸준히 읽는 것이 필요하다"고 했다.

혜강은 왜 그렇게 혹독하게 책을 구입하고 또 읽었을까? 또 누구를 위하여 책을 그렇게 많이 저술하였을까?

그는 개성의 양반 가문에서 태어나 친아버지 최치현에게 글을 배우다가 한경리, 김헌기, 김정희의 문하로 들어가서 계속해서 글을 배웠다. 그 밖에 서경덕의 학문을 사숙하기도 했다. 1825년(순조 25년) 진사 시험에 급제한 일이 있지만 평생 관직에 나가지 않았다. 그는 새로운 책을 구입하고 읽는 데 탐닉하여 동·서양의 학문 연구와 저술 활동에 몰두하였다.

혜강은 책을 통하여 조선의 지식인이 접하지 못한 서양의 철학과 과학 사상을 공부하고 받아들였다. 서양의 과학을 공부하고 지구는 둥글며 태양을 돈다는 코페르니쿠스의 지동설을 역설하였지만, 조선의 지식인들에게 받아들여지지 않았다. 그의 학문은 자연과학적 사유를 사회과학과 인문학의 영역에까지 두루 적용하고자 했다.

조선 최고의 책 수집가

혜강은 조선 후기의 과학자이자 실학자로서 삶 자체가 배움이었던 대사상가였다. 천문, 지리, 농학, 의학, 수학 등 과학을 포함한 예학, 역사학, 경서 등 학문 전반에 걸쳐 풍부한 앎을 보여주고 있다. 이렇게 다양한 분야에서 탁월한 지적 능력을 갖출 수 있었던 것은 바로 책 덕분이었다. 그는 책을 사는 데 전 재산을 써 버릴 정도로 열정적이었다.

혜강은 좋은 책이 있다는 말을 들으면 비싼 값을 아끼지 않고 구입하였다. 책을 다 읽은 뒤에는 헐값으로 팔아버렸다. 이 때문에 국내 서쾌(조선시대 책 중개상)들이 앞 다투어 혜강에게 와서 책을 사고팔았다. 그리하여 북경 서점가의 신간들이 서울에 들어오면 가장 먼저 최한기에게 입수되지 않는 것이 없다는 소문이 돌았다고 한다.

혜강은 부유한 집안에서 태어났지만 사람들은 그가 책을 구입하는 데 너무 많은 돈을 쓴다고 탓하기도 하였다. 이에 대해 그는 "가령 책 속의 사람이 나와 동시대에 살고 있는 사람이라면 수천 리 길이라도 찾아가야 할 텐데. 지금 나는 아무 어려움 없이 그저 앉아서 책을 통해 그를 만날 수 있다. 책을 구입하는 것이 돈이 많이 들긴 하나 식량을 싸 가지고 먼 길을 찾아가는 것보다 훨씬 나은 것이 아니겠는가?"라고 하였다.

그러나 책에 몰두하여 지내는 동안 최한기의 경제 형편은 점차 어려워졌다. "혜강 최한기는 서울에서 책만 사다 책값으로 재산을 탕진해 버렸다. 그래서 도성 밖으로 이사를 가야만 했다. 어느 친구가 '아예 시골로 내려가 농사를 짓는 게 어떻겠느냐'하니까, '에끼 미친 소리 말게. 내 생각을 열어 주는 것은 오직 책밖에 없을진데, 책 사는 데 서울보다 편한 곳이 있겠는가?'하고 면박을 주었다." 이러한 이야기는 한말의 양명학자 이건창의 《명미당집》에 나온다. 혜강이 평소 책을 얼마나 좋아하였는지, 또 책을 통하여 지식을 얼마나 탐욕적으로 흡수하였는지 짐작이 가는 이야기이다.

혜강에게 책이란?

혜강은 왜 그토록 책에 몰두하였을까?

혜강은 모든 사물과 자연에 대한 호기심이 왕성했다. 그러한 사물과 자연의 이치에 대한 답이 책 속에 있음을 알았던 것이다. 왕성한 지적 호기심이 바로 혜강을 독서광으로 살도록 하였다. 그는 많은 책을 읽는 것으로 끝나지 않고 초서를 통하여 책을 저술하고 번안 작업에 몰두하였다.

혜강이 다방면의 책을 쓸 수 있었던 것은 학문에 대한 열정이 컸고, 과거에 급제하였지만 관리직에 나가지 않고 책에 몰두하였기 때문이다. 무과에 합격한 큰아버지의 취미가 중국 고서첩 수집이어서 집에 한문으로 된 서양 서적도 많이 있었다. 또 그는 아버지 최치현과 외할아버지 한경리로부터 주자학도 배웠다.

최한기는 학문의 깊이가 더해지면서 기(氣) 철학에 심취하였다. 책은 기를 통한 것으로 독자의 기를 움직일 수 있으며, 독자의 마음을 움직일 수 있다고 보았다. 최한기에게 책은 기를 담는 그릇이었다. 즉, 저술자의 기를 전달하는 매체였다.

최한기는 독서에 있어서 책을 읽는 사람을 중요하게 보았다. "뜻을 해석하고 이치를 연구하는 것은 오로지 독자의 변통에 달린 것"이라고 하였다.[15] 그의 왕성한 지적 호기심과 책 사랑은 지금도 현대인들에게 귀감이 되고 있다.

15) 노병성, 책을 둘러싼 최한기의 이 생각 저 생각, 미디어리터러시(dadoc.or.kr), 2015.

2-6

조선의 천재: 시인 이덕무

'책만 읽는 바보'

간서치(看書癡), 책만 읽는 바보.

조선 후기 문장가이자 대표적인 북학파 실학자였던 이덕무(李德懋, 1741~1793)는 조선 정조 때 규장각 검서관으로 당시 서적 편찬의 주역이었으며, 스스로 '책만 읽는 바보'라는 뜻으로 간서치라 하였다.

그는 서얼 출신이어서 정규 교육을 받을 수 없었다. 게다가 너무 가난하고 몸도 약했다. 오로지 집에서 독서를 통하여 학문에 전념할 뿐이었다. 당대 최고 지성인 박지원, 홍대용, 박제가, 유득공과 교류하면서 18세기 조선의 문예 부흥기를 주도하였다. 특히 그가 남긴 《청장관전서(青莊館全書)》는 그의 시문과 다방면의 저술활동의 결과물을 정리한 책이다. 이 책은 이덕무가 엄청난 양의 책을 접하였음을 짐작하게 해 준다. 당시 이덕무는 왕립학술기관인 규장각에 검서관으로 일하였다. 규장각은 왕실 도서관으로 다방면의 책을 언제든지 읽을 수 있었다. 또한 이 책은 이덕무의 따뜻함과 진지함이 담긴 향기 나는 글모음으로 그의 사색적 문체가 돋보인다.

배고픔도 잊은 이덕무의 독서

"남산 아래 사는 어리석은 사람이 있었다. 오로지 책만 보는 것을 즐거움으로 삼아 추위나 더위, 배고픔이나 아픈 것도 알지 못했다. 사람들은 그가 기뻐하는 것을 보고 그가 귀한 책을 구한 줄 알았다. 책을 읽다가 심오한 뜻을 깨치면 너무 기쁜 나머지 일어나 방 안을 빙빙 돌곤 했다. 사람들은 그를 '간서치(看書痴)'라 불렀다." 이덕무의 자서전 《간서치전(看書痴傳)》에 나오는 일부 이야기이다.

이덕무는 지독히 가난하게 살았다. 그러나 그는 힘든 생활 속에서도 책 읽기를 통한 공부를 게을리하지 않았다. '책만 읽는 바보'로 알려진 이덕무는 책을 통해서 무엇을 이루고자 하는 것보다 그냥 책이 좋아서 읽고 또 읽은 것이다. 너무 가난하여 책을 팔아서까지 생계를 유지해야 하는 어려운 환경에서도 책을 손에서 놓지 않았던 사람이다. 지독한 흉년에 먹을 게 없어 《맹자(孟子)》 한 질을 이백 전(錢)에 팔아 양식을 얻은 뒤 죄책감으로 밤을 지새웠을 이덕무를 생각하면 가슴이 아리다.

가족의 배고픔을 해결하기 위해 아끼던《맹자》를 판 그는 책 바보가 맞다.

《책만 보는 바보》의 저자 안소영은 가난한 이덕무의 '나만의 독서법' 앞에선 숙연해진다고 말했다. '첫째, 굶주린 때에 책을 읽으면 소리가 훨씬 낭랑해져서 글귀가 잘 다가오고 배고픔도 느끼지 못한다. 둘째, 날씨가 추울 때 책을 읽으면, 그 소리의 기운이 스며들어 떨리는 몸이 진정된다…….'

이덕무는 평소에 간서치라는 별명을 창피하게 생각하지 않고 도리어 좋은 뜻으로 받아들여 더욱더 많은 책을 보면서 생활하였다. 서얼 출신인 이덕무는 정조에게 발탁되기 전에는 책을 구입할 돈이 없을 정도로 가난했지만 책에 대한 열정은 식을 줄 몰랐다. 그는 초가집이 통째로 얼어붙는 엄동설한에도 책을 이불과 병풍 삼아 살아온 가난과 추위에 초탈한 선비였다.

또한 그는 현실의 삶에 갇혀 살지 않고 책 속에서 자신의 삶을 끝없이 확장시켰다. 책으로 벗을 만나고 날마다 새로운 세상을 꿈꾸었다. 처음에는 사회에 대한 불만이 많았지만 항상 책을 읽으며 자신의 꿈을 잃지 않았다. 책을 통하여 성인(聖人)이 되고자 하였다. 즉, 독서를 통하여 몸과 마음을 순화시켜 나간 것이다.

굶주림과 혹한의 매서운 추위에도 아랑곳 하지 않고 좋은 책을 만나면 필사를 즐겼던 이덕무, 그의 치열한 독서와 저술 활동의 결과물은 후대에 귀감이 되어 지금 다시 살아나고 있다. 그에게 독서는 자신과 더불어 세상을 변화시키는 원동력이었다.

격조 높은 문장가

이덕무는 18세기 조선의 문예 부흥을 주도한 문장가이자 북학파 실학자였다. 박제가, 유득공, 이서구와 사가시인(四家詩人)의 한 사람으로, 자신의 사상과 감정을 자유롭게 형상화한 격조 높은 시를 쓴 그는 청나라까지 이름을 알렸다. 관직에 있던 15년간 정조가 520여 차례의 하사품을 내렸을 만큼 큰 사랑을 받았다.

이처럼 이덕무는 뛰어난 문장가였다. 이 능력은 그가 읽은 수많은 책이 준 선물이었다. 책은 배신하지 않는다. 책을 읽고 생각과 삶의 변화가 찾아오면서 고귀한 사상을 품은 격조 높은 문장을 구사할 수 있게 된 것이다.

이덕무는 53세로 생을 마감하기까지 대략 2만 권을 읽었다고 하니 대단한 독서광이었다. 그는 동서고금의 박물학 관련 서적을 두루 섭렵해 세상의 모든 지식의 기원과 역사를 고증하는 글쓰기를 즐겼다. 또한 에세이 형식의 글쓰기도 선호했는데, 평소 듣고 보고 말하고 생각한 것들을 글로 옮기는 것을 좋아하였다.

그는 책을 통해 자신의 삶을 바꿔 나갔다. 자신의 처지를 일찍 깨달았다. 그래서 자신이 취할 것과 버릴 것을 엄격히 구분할 줄 알았다. 책을 통하여 세상의 지식과 진리를 치열하게 추구하는 삶을 살았다. 주변의 사람들은 그를 고결한 조선의 선비로 학문을 벗 삼고, 소유적 삶보다는 존재적 삶의 지혜를 깨달아 내면의 당당함을 키워나갔던 사람으로 기억한다. 지금 우리는 그를 통하여 강단 있는 선비의 도도함을 배운다. 그의 치열한 삶과 책을 아끼고 사랑하는 마음 그리고 굳건한 선비 정신은 후대에 계속 이어질 것이다.

PART 3

독서로 강대국이 된 나라들

3-1

동네마다 도서관 천국: 핀란드

"교육 선진국 핀란드에서는 책을 읽지 않는 것을 개인이 선택한 결과로 보지 않는다. 어떤 심각한 문제가 있는 것으로 보고 국가가 나서서 적극적으로 돕는다."

서울대학교 교육학과 문용린 교수가 어느 독서교육 관련 인터뷰에서 한 말이다. 핀란드가 얼마나 국민들의 독서를 위해 풍성한 사회적 지원을 하고 있는지 짐작이 가는 말이다.[16]

핀란드는 오랜 기간 교육혁신을 통하여 세계 최고의 교육 강국이 된 나라이다. 그들은 왜 교육혁신을 시도하였을까? 교육만이 선진국으로 가는 지름길임을 일찍 간파한 것이다.

국가경쟁력의 핵심은 교육이다. 교육의 핵심은 독서이다. 따라서 핀

16) 김애리, 현직 작가가 말하는 핀란드 독서교육, 미디어리터러시(https://dadoc.or.kr), 2012.

란드는 국민 독서력을 높이기 위해 누구나 접근 가능한 가까운 곳에 공공도서관을 설치하였다. 또한 도서관에 찾아오기 힘든 사람들을 위해 '북 모빌'이라는 이동도서관을 운영하고 있다. 이러한 독서교육을 기반으로 학교교육을 혁신하고 아이들의 독서력도 높여 나갔다. 또한 핀란드는 최고의 인재를 양성하기 위해 산업 현장과 연계하여 고도의 기술을 축적하였다. 그리하여 기반 산업이 발전하여 잘 사는 나라가 되었다. 이처럼 핀란드가 교육으로 성공할 수 있었던 것은 국민 독서력 신장을 위한 다각적인 지원이 있었고, 학교 교육과 산업계가 연계하는 교육 전략이 성공하였기 때문이다. 그중에서 독서 강국이 되면서 뛰어난 인재들이 배출되자 국가경쟁력도 상승하게 된 것이다.

현재 핀란드는 전 세계 교육전문가들이 핀란드 교육 시스템을 배우기 위해 가장 많이 방문하는 나라가 되었다. 지금도 학교와 지역사회가 앞장서서 책 읽는 풍토를 조성하고 있는 독서 강국이다.

적게 가르칠수록 더 많이 배우는 학교

"단 한 명의 아이라도 자신의 재능을 발휘하지 못하는 경우가 생기지 않도록 해야 한다."

핀란드 교육의 목표이다. 이 말에는 단 한 명의 아이도 포기하지 않겠다는 신념과 의지가 담겨 있다. 핀란드는 '적절한 기회를 주고 교육 환경을 제공한다면 모든 아이가 배울 수 있고, 자신의 잠재 능력을 개발할 수 있다'는 신념을 가지고 모든 교육에 임하고 있는 나라이다.

북유럽에 위치한 핀란드는 천연자원이 부족한 국가이다. 핀란드 사람들은 자원이 없는 자신들에게 아이만큼 소중한 재산은 없다고 생각하였다. 그래서 핀란드는 한 명 한 명의 재능, 즉 인적 자원을 중시하는 교육 비전을 가지게 되었다. 그래서 핀란드 교육모델은 혁신적이면서도 아동 친화적이다. 아이들은 놀이와 독서를 통하여 성장한다. 핀란드에서는 아이들이 독서와 충분한 놀이를 할 수 있도록 국가 차원에서 배려한다.

교육경쟁력 1위인 핀란드의 학교 교육의 중심에는 독서교육이 있다. 독서교육은 책 읽기와 함께 토론 중심의 협동수업으로 이루어진다. 핀란드 학생들은 매주 교사와 상담하면서 개별 학습 목표를 정하고, 수업은 모둠으로 나누어 자신의 과제를 수행하는 방식으로 진행된다. 아이들은 스스로 도서관이나 인터넷을 이용하여 자료와 정보를 수집하고 노트에 적어서 학교에 가지고 온다. 교과서보다는 이러한 노트가 교재 역할을 한다. 아이들은 노트를 가지고 교사의 도움을 받아 다른 학생과 토론하면서 협동수업을 한다. 협동수업은 아이들의 문제 해결 능력과 창의력을 계발한다는 점에서 좋은 수업방법이다.[17] 수업 분위기는 적극적이고 활발한 자기주도적 학습으로 교사가 억지로 학생을 이끌고 나갈 필요가 없다.

---

17) 안한상, 교육경쟁력 1위 핀란드의 독서교육과 한국교육에 주는 시사점, (사)한국독서 능력개발원, 2013, p. 14.

또한 핀란드 학생들은 시험에 연연하지 않는다. 그 대신 개인마다 교육 목표를 잘 수행하는가를 알려주는 특별한 성적표가 존재한다. 시험 결과는 고유 번호를 부여하여 각자 확인한다. 교사가 학생들을 평가하는 방법은 시험 이외에 아주 다양한 방법을 사용한다. 수업시간의 프로젝트 참여도, 팀별 연구 과제 해결, 문제 해결의 과정에서 연습한 흔적 등 학생들의 개인별 잠재 능력과 다양성을 존중하고 있다. 또한 다른 학생과 경쟁하는 것보다 자기 자신과 경쟁하도록 한다. 학교는 경기장이 되어서는 안 된다는 것이다.

독서로
공부 잘하는 나라

핀란드는 국제학업성취도(PISA) 검사에서 최고의 성적을 자랑하는 국가이다. 전 세계의 많은 교육 관계자들이 핀란드 교육에 대하여 집중하고 교육 시스템을 배우고자 한다. 이러한 결과는 핀란드 교육혁명에서 찾을 수 있다. 교육혁명은 읽기혁명에서 시작되었다. 핀란드는 1940년대까지 유럽에서 가장 가난한 나라였다. 1950년대 케코넨 대통령 시대가 되면서 강한 국가를 만들기 위해 혁명적인 도전을 하였다. 그때 강조한 정책이 교육혁명으로, 바로 읽기혁명이었다. 학교에서도 읽기 교육에 관심을 가지게 되었다. 마침내 핀란드는 읽기혁명을 통하여 세계 최고의 교육 강국을 만들었다. 나아가 지식정보시대의 강대국으로 거듭나게 되었다.

이와 같이 핀란드가 세계 1위 교육 강국이 될 수 있었던 것은 바로 독서교육 덕분이다. 매년 국가 차원에서 독서 능력 진단검사를 실시하여 아이들의 읽기 능력을 관리하고 있다. 인구 520만 명의 작은 나라에 공공도서관의 수는 319개, 도서관 분원이 496개, 이동식 도서관이 155개 있다고 한다. 학교와 지역의 도서관이 잘 연결되어 있고, 학교 수업에 필요한 자료들도 순환 대출 시스템으로 쉽게 활용할 수 있다. 국민의 80퍼센트가 정기적으로 도서관을 이용하게 되었다. 그 결과 핀란드는 독서 강국이 되었고, 공부 잘하는 나라가 되었다.[18)]

독서 천국

"핀란드 가정에서 인상적인 것은 어느 집이나 책으로 가득 찬 책장이 있다는 것이다."

어느 독서전문가가 핀란드를 여행하고 한 말이다.

핀란드 독서교육의 성공은 사서의 영향이 컸다. 교사가 아이들을 도서관에 데려가 문학수업을 할 때 도서관에서 근무하는 사서의 도움을 받는다. 사서는 학생들에게 독서에 대한 흥미를 유발하는 프로그램을 운영한다. 이것은 책을 좋아하게 하는 중요한 시작 단계이다. 이런 독서 프로그램을 계속 운영하는 것은 동기를 부여하는 것이지 강요하는 것

18) 안한상, 교육경쟁력 1위 핀란드의 독서교육과 한국교육에 주는 시사점, (사)한국독서 능력개발원, 2013, p. 2.

이 아니다. 아이들에게 독서를 하라고 압박하기보다는 즐거움으로 인식되도록 하고 있다. 그리고 도서관을 아이들 생활 주변에 많이 설립하여 책으로 둘러싸인 환경을 제공하고 있다.

핀란드 읽기 교육은 가정, 사회, 학교가 협력하여 지도하고 있다. 독서가 생활화되어 있기 때문에 책 읽는 생활이 자연스럽게 아이들에게 이어지게 된다. 부모님으로부터 독서의 영향을 가장 먼저 받기 때문에 아이들이 독서가가 되는 것은 당연하다. 아이들은 성장 후에도 엄마, 아빠, 할머니, 할아버지가 책을 읽어 주시던 모습과 내용을 기억한다.

아이는 취학 전까지 부모와 함께 지역 도서관을 방문하여 일주일에 한 번 정도 스토리텔러(storyteller)가 들려주는 이야기를 듣는다. 어릴 때부터 정기적으로 도서관에서 책을 빌리는 것이 생활화되어 있어 아이들에게 도서관은 친근한 놀이터가 된다. 이러한 가정과 사회적 분위기가 모든 국민이 책 읽는 습관을 가지게 하였다.

그리고 무엇보다 핀란드가 '독서천국'이 되기까지 범정부 차원의 '독서의 제도화'가 중요한 역할을 하였다. 핀란드는 여타 유럽국가처럼 학교 교과목을 교과서가 아닌 책으로 수업하기도 한다. 이러한 수업이 학교 독서교육을 성공적으로 이끌었다. 또한 학교에 도서관은 따로 설치하지 않고 공공도서관을 활용한다. 학생들은 교사와 공공도서관에 방문하여 사서와 함께 독서하고 토론하면서 독서를 자연스럽게 생활 속으로 가져왔다.

국가에서 정책적으로 도서관을 지원하고 육성하는 시스템은 우리

나라도 선진국에 뒤지지 않는다. 문제는 국민들이 지식과 문화에 접근할 수 있는 도서관 이용률이다. 도서관이 가까이에 있고 편리하게 활용하는 것도 중요하지만 얼마나 많이 활용하느냐가 관건이다. 어릴 때부터 독서 습관이 형성되도록 모두 나서야 한다. 어릴 때 독서가가 된 아이는 어른이 되어서도 독서가로 살아간다.

핀란드가 독서 강국을 통하여 교육 강국이 되는 과정이 우리에게 주는 교훈은 가정과 학교, 지역사회, 국가가 통합적으로 독서에 관심을 가지고, 아이들뿐만 아니라 전체 국민이 책 읽는 문화가 정착되도록 정책적 지원과 다양한 프로그램 개발에 힘을 모아야 한다는 것이다. 지금 독서 혁명이 필요하다.

3-2

아빠가 책 읽어 주는 나라: 영국

'생각하는 독서란 곧 질문하는 독서다.'

소크라테스는 사람들에게 끊임없이 질문을 던졌다. 그의 대화법은 질문을 통하여 그 사람이 원래 알고 있던 지식을 상기해 내도록 하는 것이다. 독서도 마찬가지다. 책을 읽으면서 생기는 의문에 대해 질문을 던질 때마다 그만큼 더 생각하게 된다. 처음에는 사소한 질문으로 시작해도 좋다. 사소한 질문들이 쌓여서 결국 무한한 상상력을 가진 창조적인 뇌로 무장하게 된다.

질문은 생각의 과정이다. 창조적 질문을 던지는 순간 이미 그 속에 창조적인 답이 만들어지고 있다. 우리는 질문하는 독서를 해야 한다. 먼저 질문에 대한 두려움과 고정관념을 과감히 버리는 것에서 출발해야 한다.

영국 아빠의 책 읽어 주기: 질문하는 독서

2004년 영국 옥스퍼드대학 연구팀이 만 7세 아동 3,300여 명을 추적 조사한 연구에 의하면 아빠가 책을 읽어 준 아이들은 학교에서 읽기 성적이 높았고, 어른이 되어서 정서적인 문제를 겪을 확률도 낮았으며, 만 20세까지 학교를 잘 다닐 확률이 높았다는 것이다.

영국의 아빠들은 아이와 함께 책 읽어 주기 프로그램에 많이 참여한다. 책을 읽어 주는 이유는 호기심을 키워주기 위함이다. 호기심은 질문으로 이어지게 되고 질문은 대화를 시작할 수 있게 해 준다. 독서를 통해 아이와 같은 관심사를 공유하고 대화하면서 아이와 더 가까워지게 된다.

책을 읽어 주는 것도 좋지만 아빠와 같이 시간을 보내는 것은 아이의 정서지능과 사회적 자질을 함양하는 데 크게 영향을 끼친다는 것이다. 실제로 아이들은 혼자 읽는 것보다 부모가 책을 읽어 줄 때 뇌파가 안정되었다. 뇌파의 안정은 아이의 마음이 편안하다는 것을 의미한다. 엄마 뱃속에서 들었던 익숙한 부모의 목소리가 아이의 감정조절에 영향을 미친 것이다.

최근 '책 읽어 주기' 효과에 대해 연구한 결과를 보면 엄마보다 아빠 쪽이 효과가 더 좋았다. 만 2세에게 아빠가 책을 읽어 준 아이는 어휘발달 테스트에서 엄마가 책을 읽어 준 경우보다 더 높은 점수를 받았다. 또 아빠가 책을 많이 읽어 준 아이는 인지·정서·언어 발달 면에서도 모두 높은 점수를 받았다.

왜 그럴까?

엄마는 아이한테 책을 읽어 줄 때 '사과가 몇 개 보이니?' 등 '사실적 질문'에 집중했지만 아빠들은 '사과가 빨갛게 잘 익었네. 우리 작년에 과수원에서 사과 땄던 일 생각나니?'와 같이 아이의 뇌를 자극하는 질문을 던진다.[19] 아빠가 책을 읽어 줄 때는 다양한 어휘와 경험을 활용해 책을 읽어 주기 때문에 아이들의 사고력 발달과 상상력 확장에 도움을 준다. 아빠들이 주말이나 저녁 시간 10분 만이라도 아이와 함께 책 읽기와 책 읽어 주기를 한다면 아이의 뇌는 더 똑똑한 뇌로 성장할 것이다. 그리고 아이는 지력과 인성을 겸비한 훌륭하고 탁월한 아이로 자랄 것이다.

독서광이 된 축구 소년

'축구 좋아하는 남자아이들이 책 읽는 재미에 빠졌어요.'

영국에서는 남자아이들이 여자아이들에 비해 책을 덜 읽고 어휘력도 떨어진다는 독서진단검사를 토대로 남자아이들을 위한 특별 프로그램을 창안하였다. 영국에는 축구 광팬들이 많다. 축구 리그 기간에는

19) 국립중앙도서관 디지털도서관 블로그, 아빠가 아이들에게 책을 읽어 주다, 2017.

마을마다 대화 주제가 축구 이야기라고 한다. 아이들이 축구에 관심이 많다는 것에 아이디어를 얻어, 축구와 독서를 연결하는 프로그램을 만들었다. 그중에서 '풋볼 리딩 게임' 사례를 들어 보면 다음과 같다.

독서 개발 전문가가 아이들과 만나서 축구와 관련된 이야기로 대화를 시작한다. 축구 이야기로 흥미로운 정보를 주고받다가 독서이야기로 자연스럽게 넘어간다. 책 소개도 축구 잡지로 시작하여 아이들이 좋아하는 책으로 진행된다. 아이들은 좋아하는 책을 이야기하고 독서 퀴즈 게임을 한다. 독서 모임이 끝나면 패널티킥 게임도 한다.[20)]

우리나라에서는 요즘 아이돌 연예인들의 인기가 폭발적이다. 이런 연예인들이 독서프로그램에 참여한다면 청소년들이 독서에 관심을 더 많이 가지게 될 것이다. 그리고 많은 아이와 청소년이 독서가로 성장할 것이다.

아기에게 책을 선물하는 나라

20세기 초 영국은 '미래 국가의 힘은 독서에서 나온다'는 것을 모토로 독서프로그램 개발과 독서운동에 힘을 쏟았다.

20) 독서는 즐겁고 자발적이어야 축구와 결합 흥미 유발, 경향신문, 2017.10.22.

그래서 영국은 '아기에게 책을 선물하자'라는 '북 스타트 운동'을 가장 먼저 시작한 나라가 되었다. 1992년에 시작된 운동으로 유아기부터 책을 가까이하고, 성장하면서 자연스럽게 책에 흥미를 가지도록 무료로 책과 선물을 나누어 주는 운동이다. 북 스타트 운동은 가정 독서문화를 꽃피운 중요한 동력이었다. 당시 영국은 텔레비전, 컴퓨터 등의 보급으로 독서율이 떨어지자 보건당국, 행정기관, 도서관이 손을 잡고 나선 것이다.[21]

북 스타트는 생후 8개월 전후한 시기에 건강검진을 받으러 오는 아이와 보호자에게 그림책 두 권과 보호자용 가이드북, 육아에 도움이 되는 지역 정보와 도서관 회원 카드 등이 담긴 가방을 건네주는 운동이다. 건강검진을 받기 위해 지역 보건소에 오면 신생아들의 신체검사를 도와주고 다른 한쪽에서는 검사를 마친 아기들에게 책을 읽어 준다. 부모에게는 육아와 책에 대한 다양한 정보를 준다. 아기들은 태어나서 처음으로 책을 만나고 책 읽는 소리를 듣는다. 이때 아기는 호기심 가득한 눈으로 그림책을 본다. 어리둥절하던 아기의 표정이 책 읽어 주기가 진행될수록 바뀌어 간다. 행사가 끝나면 읽은 책은 나누어 준다. 부모는 책과 선물이 든 가방을 들고 집으로 간다. 가정에서 그날 배운 대로 아기에게 책을 읽어 준다. 아기는 자라면서 스스로 책도 넘길 수 있게 되고, 책을 보면서 즐거워한다. 때로는 자기가 좋아하는 페이지만 보기도 한다. 부모들은 이런 아기의 변화되는 모습을 보면서 책 읽어 주기

21) 영국 북 스타트 운동, 대전일보, 2009.01.08.

가 조금씩 의미가 있음을 확인하게 된다. 예비 독서가가 탄생되는 순간이다. 이제 아기의 뇌는 책 읽는 뇌로 변화가 시작된 것이다.

독서에 국가가 관심을 두고 앞장서는 이유는 독서가 곧 인재 배출의 최고의 방법이라는 것을 알기 때문이다. 영국을 대표하는 세계적으로 위대한 업적을 남긴 인물 중에는 문학의 윌리엄 셰익스피어, 과학의 아이작 뉴턴, 정치의 윈스턴 처칠, 진화론의 생물학자 찰스 다윈 등이 있다. 모두 치열한 독서와 사색으로 천재적인 뇌를 가지게 되어 위대한 업적을 남긴 사람들이다. 영국이 국민 독서에 관심을 가지는 이유가 여기에 있다.

베드타임 리딩(Bedtime Reading)

독서 강국이라 부를 정도로 독서문화가 탄탄한 영국에서는 어릴 적부터 가정 내에서 아이의 독서력을 기르기 위한 문화가 자리 잡고 있다. 이 문화를 '베드타임 리딩(bedtime reading)'이라 부른다.[22)]

영국의 많은 가정에서 베드타임 리딩을 실천하고 있다. 아이들은 매일 밤 엄마와 아빠가 읽어 주는 책 이야기를 들으면서 잠이 든다. '잠들기 전 책 읽어 주기 주간'을 정해놓고 실천하는 가정도 있다.

전문가들은 가정 안에서 규칙적으로 이런 시간을 마련해 꾸준히 실천하면 아이가 긴장을 풀고 숙면을 취할 수 있다고 한다. 또한 부모와

---

22) 문용린, 베드타임 리딩, 여성신문, 2010.11.05.

아이 사이에 끈끈한 유대감도 형성할 수 있다. 실제 책을 읽어 주면서 평소 몰랐던 아이의 고민이나 감정을 들여다볼 수도 있다. 가끔 아이에게 어떤 책을 읽어 줘야 할지 모르겠다고 하는 부모가 있다. 정해진 책은 없다. 영국 가정에서는 아이에게 그림책이나 짧은 이야기로 이루어진 책을 읽어 주는 일이 많다. 좋은 꿈으로 이어질 수 있는 이야기라면 더욱 좋다.

잠들기 전 책 읽어 주기는 짧게는 1분 만에 끝날 수도 있다. 시간보다는 지속적으로 매일 실천하는 것이 중요하다. 잠자리 독서를 꾸준히 하면 아이들은 잠들기 전에 부모와 함께 하는 시간을 기다린다. 아이들은 자연스럽게 독서가로 자라게 되고 가정의 독서문화도 자리 잡게 된다.

3-3

철학과 독서의 왕국: 독일

'최초의 수도원 도서관을 가진 나라'

독일은 6세기경에 이미 최초의 수도원 도서관을 가진 나라이다. 지금은 약 11,000개의 도서관이 있다.

독일 도서관은 주민들과 아이들에게 인기가 많다고 한다. 그 이유는 아이들을 위한 특별한 공간을 마련하고 있기 때문이다. 독일 도서관은 책만 보는 곳이 아니다. 책을 보다가 그림 그리기를 할 수 있도록 그림 도구를 갖춘 방을 준비하고 있다. 또 다른 방에는 장난감과 놀이시설이 있어서 아이들이 책 읽기와 놀이를 동시에 할 수 있는 공간도 확보하고 있다.

또한 독일 도서관은 사람들이 방문하기를 기다리지 않고 직접 찾아가는 도서관을 운영한다. 도서관 버스가 동네를 정기적으로 방문하기 때문에 책을 빌리고 반납하는 일이 쉽다. 그리고 독일의 동네 서점도 편안하게 책을 볼 수 있는 장소를 제공하고 있다. 동네 서점이 책을 판매하는 곳인지 도서관인지 알 수 없을 정도로 안락한 시설을 갖추고 있는 나라가 바로 독일이다. 독일은 국민들이 책을 읽을 수 있는 환경을 먼저 제공하였다. 그래서 독서 강국이 된 것이다.

독일 레제스타트

독일 독서재단은 '독서의 시작은 어릴 때부터'라는 '레제스타트(Lesestart)' 캠페인을 하고 있다. 영국의 북 스타트 운동을 모델로 하였다. 레제스타트는 독일어로 '읽다'와 영어로 '시작하다'는 단어를 합친 말이다. 책 읽기가 아이들의 읽고 쓰는 능력을 향상시킨다는 생각에서 출발한 캠페인이다.

우리 속담에 '세 살 버릇 여든까지 간다'라는 말이 있다. 어릴 때 몸에 밴 습관은 어른이 되어도 그대로 유지됨을 비유한 속담이다. 독일에도 '어린이 한스가 배우지 않은 것은 어른 한스도 영영 배우지 못한다'는 속담이 있다. 레제스타트 캠페인은 어릴 때부터 책을 가까이하고 어른이 되어서도 평생 독서가이자 평생 학습자로 살아가도록 하겠다는 취지로 시작하였다.[23] 이 캠페인은 부모가 아이에게 책 읽어 주는 문화를 만들자는 운동으로, 책 읽기가 인간의 삶과 늘 함께하는 자연스러운 활동으로 인식되게 한다. 이렇게 부모들이 읽어 주는 책 속의 이야기

23) 김유빈, 독일의 북스타트 '레제스타트', 한국간행물윤리위원회 '독서인' 누리집, 2012.

를 듣고 자란 아이들은 무한 상상력과 호기심이 많은 아이들로 성장한다.

독일 교육,
왜 강한가?

독일 학교는 입학하기 전에 예비 학부모 교육을 통하여 선행 학습을 못하게 당부한다. 아이들의 호기심을 자극하는 자연관찰과 다양한 체험활동은 권장하나 교과서의 글이나 숫자 쓰기 등은 선행학습으로 가르치지 말라고 한다. 이는 학교에서 수업에 참여하는 아이들의 학습 동기와 관련되기 때문이다. 대신에 입학하는 아이들의 학교생활이 건강하고 심리적인 안정 속에서 공부를 할 수 있도록 최대한 배려한다. 교실의 한쪽 면에 작은 문고를 만들어 양탄자를 깔아 놓고 언제든지 아이들이 앉거나 기대어 책을 읽으며 쉬는 공간을 마련한다. 초등학교의 교육 목표는 학습하는 즐거움을 배우는 것이고 교육과정은 인성교육과 독립심 함양을 중시하고 있다.

학교 독서교육은 아동기에 독서 습관을 가지도록 교육과정에서 독서지도가 지속적으로 이루어지고 있다. 교사는 아이들과 함께 도서관에 가서 책을 빌리거나 이용 방법을 안내하고, 정기적인 도서관 방문으로 아이들에게 스스로 책을 고르게 하고 책 읽는 습관이 형성되도록 도와준다.

수업시간에도 아이들은 많은 시간을 발표와 토론, 세미나 수업을 한다. 그래서 상급학교로 진학할수록 아이들은 토론의 달인이 되어간다. 토론의 주제가 정해지면 주제에 맞는 책을 골라 읽는다. 그리고 독서토론을 한다. 토론을 하면서 아이들은 자신의 생각을 표현하는 연습을 한다. 그리고 경청하는 법과 자신의 생각을 정리하여 말하는 기술을 터득하게 된다. 이러한 기술은 논술하는 능력으로 연결된다.

《독일 교육 이야기》의 저자 박성숙은 이렇게 말한다. 한국 아이들은 초등학교 들어가기 전에 이미 한글을 읽고 쓸 줄 아는 것이 정상이다. 특히 초등학교 저학년은 독일 아이와 비교도 할 수 없을 정도로 수준이 높다. 이렇게 기초가 완벽한 학생들이 학교에 들어가 학년이 올라갈수록 독일 아이들에 비하여 독창적인 언어구사력, 글쓰기 능력, 토론 능력은 떨어진다는 것이다.

독일에서 초등학교 4학년이면 우화 한 편을 써야 한다. 이것은 평소에 책을 읽지 않으면 불가능한 과제이다. 교과서 공부만 잘하면 좋은 성적을 받는 표준화 평가 시스템과는 거리가 먼 이야기이다. 앞으로 아이들이 자라서 살아갈 세상은 단편 지식과 스펙만 가지고는 살 수 없다. 지식을 활용하고 재창조하는 창조력이 요구되고 더불어 협력하여 문제를 해결할 수 있는 능력을 갖춘 인재가 필요한 세상이다.

학교 교육도 상상력과 창의력을 기르고 협력하여 문제를 해결하는 품격 있는 사람으로 자라는 데 초점을 맞추어야 한다. 다양하고 깊이 있는 독서는 상상력을 가지게 하는 최고의 방법이다. 책은 풍부한 상상력을 가진 뇌, 창의적인 뇌로 바꿀 수 있다.

과정을 중시하는 독일 시험

독일의 평가는 독서를 하지 않으면 해결할 수 없는 문제가 많다. 예를 들면,

콜럼버스의 미 대륙 상륙은 역사적으로 큰 의미가 있음이 확실하다. 이는 아메리카 대륙 원주민의 입장에서도 엄청난 변화를 가져왔다. 그러나 오늘날 역사가가 그를 바라보는 평가는 개인의 역사관에 따라 달라진다. 과연 콜럼버스의 신대륙 상륙을 어떻게 보아야 할까?

이러한 문제는 교과서를 보거나 정답을 찾는다고 해결되는 문제가 아니다. 저학년 때부터 지속적으로 책을 읽고 토론하고 자신의 생각을 이야기하거나 에세이를 써 보지 않으면 불가능한 문제이다. 많은 독서를 통한 지혜와 통찰력이 요구되는 문제이기 때문이다. 단순한 지식은 책이나 백과사전에 다 들어 있다. 이제는 학습하는 방법에 대한 배움이 필요하다.

독일 교육은 철학도 중요시하고 있다. 철학수업은 교재가 없기 때문에 외운다고 가능한 일이 아니다. 꾸준한 독서와 사색으로 생각하는 힘을 길러야 한다. 정답이 없기 때문이다. 독일이 자랑하는 몬테소리 교육 방법도 많이 가르치는 것이 아니라 아이들 스스로 학습하는 방법을 배우고 창의성을 개발하도록 조력하는 것이 핵심이다.

다양한 독서는 아이들 자신이 무엇을 좋아하는지 찾도록 안내해 준다. 책 속에서 많은 사람을 만나기 때문이다. 위대한 천재들을 매일 만날 수 있는 곳이 바로 책이다. 천재들의 삶과 생각을 배우고 따라 하는데 천재가 되지 않겠는가?

캔 로빈슨은 《엘리먼트》에서 말한다. "아이의 재능을 찾아내고 그 재능이 열정을 만나게 되면 무한 능력을 발휘하게 된다."

독서를 통하여 아이들의 재능이 무엇인지 아이들 스스로 찾아보게 하자. 책 속에서 다양한 간접 경험을 해 보고 많은 성현과 위대한 일을 한 사람을 만나보자. 충분한 독서량이 논리적인 사고와 창의적인 생각을 가지게 하고 문제를 해결할 수 있는 힘을 길러준다.

3-4

아침독서로 기적을 이룬 나라: 일본

오전 8시 30분. 도쿄의 한 초등학교. 복도는 조용하다. 교실 안에는 책 읽는 아이들만 보인다. 이 학교는 등교와 동시에 선생님과 함께하는 '아침독서'를 한다. 교사와 아이들은 책 읽는 재미에 푹 빠져 있다.

10~20분 정도로 짧은 시간이지만 아침마다 같은 시간에 교사와 학생이 함께 책을 읽는다. 학생들은 자기가 좋아하는 책을 골라 읽는다. 책을 읽고 난 후 독후감이나 과제물은 제출하지 않아도 된다. 일본의 학교는 '아침독서운동'이 가장 잘 운영되는 나라이다. 아이들은 아무 부담 없이 자신이 좋아하는 분야의 책을 읽기만 하면 된다. 아침독서의 목적은 모든 아이가 어린이 독서가로 성장하고 책 읽는 습관을 가지게 하는 것이기 때문이다.

아침독서를 실천하면서 일본 학생들은 평생 독서가로 자라고 있다. 교육현장에서는 아침독서를 하면서 아이들에게 많은 변화가 일어나고 있다고 한다. '독서를 좋아하게 되었다', '학생들의 태도가 좋아졌다', '집단 따돌림이 없어졌다', '배려하는 마음이 생겼다', '지각이 줄어들었다', '독해력이 늘어났다', '어휘력이 향상되었다', '수업시간 참여도가 높아졌다' 등 아침독서가 아이들의 생활 태도와 학습에 긍정적인 변화를 가져왔다는 것이다.

《리딩으로 리드하라》의 이지성 작가는 학교에서 아이들과 인문고전 읽기를 실천한 사람이다. 매일 함께 인문고전을 읽은 학생들은 생각이 바뀌었고, 나아가 행동까지 변화하는 모습을 보았다고 한다. 일본 학교들은 지금도 아침독서를 실천하면서 학생들의 변화에 대해 기적을 체험하고 있다.

국력 신장을 위한 국가적 프로젝트

일본은 일찍이 유럽의 문물을 받아들여 그들의 학문을 번역하는 작업을 하였다. 이러한 번역 작업으로 유럽의 선진 학문을 흡수할 수 있게 되었다. 유럽의 근대 문화의 도입은 에도시대(1603~1867)부터 시작하여 메이지 유신 시기(1868~1889)에 활발하게 진행되어 유럽의 과학, 철학, 법률, 문학, 역사, 공학 등 다양한 서적을 번역하였다. 유럽의 기술 문명과 순수 학문 분야까지 수많은 책을 번역한 결과 학생들과 국민들은 새로운 기술과 문화를 급속하게 받아들였다. 그리고 번역된 책을 토대로 다양한 분야에서 심도 있는 연구를 하게 된 것이다. 이러한 번역 작업이 학문 연구의 길을 열어 주었다.

이렇게 학문 연구의 길을 열어 준 것이 일본을 경제 대국으로 성장하게 하였고, 노벨상 대국으로 변신하게 만들었다. 일본의 첫 노벨상 수상은 1949년으로, 중간자 이론을 연구한 유카와 히데키가 받은 노벨 물리학상이었다. 서구과학을 받아들인 지 70여 년 만이었다. 이후 일본은 모두 26명의 노벨상 수상자를 탄생시켰다. 특히 자연과학 분야에선 미국에 이어 두 번째로 많은 수상자를 배출하면서 명실상부한 노벨상 강국이 되었다.

과연 그 비결은 무엇일까? 그 비결은 바로 유럽 선진국의 책을 빠르게 번역하여 우수한 학문을 공부할 수 있는 기회를 열어 준 것이다. 또 의미 있게 곱씹어 보아야 할 것은 국가적 차원에서 장려한 인문고전 독서였다. 일본의 독서가들은 학생들뿐만 아니라 어른들도 많다는 것이다. 우리나라의 경우 20대 후반, 즉 대학을 졸업한 이후의 독서율이 갑자기 뚝 떨어진다. 사회의 직장인이 되면서 책과 멀어진다는 것이다.

일본은 제조업 분야에서도 오랜 경험과 시행착오를 거치면서 축적된 기술과 지식을 바탕으로 세계 최고가 된 강소기업들이 많다. 이러한 인재의 배출과 학문, 기술의 발전은 독서 강국이 단초가 되었다고 본다. 어릴 때부터 그리스, 로마, 중국의 인문고전과 과학, 철학, 수학, 예술, 역사 등 다양한 분야 책을 읽은 학생들이 뛰어난 인재로 성장하면서 강대한 나라를 만들 수 있는 밑바탕이 된 것이다.

일본의 독서교육

경일대학교 임형연 교수는 「일본의 독서교육 정책과 한국교육에 주는 시사점」이라는 논문에서 '일본은 2001년 제정된 〈어린이 독서활동 추진에 관한 법률〉 제2조에 모든 어린이가 자주적으로 독서활동을 할 수 있도록 적극적으로 환경의 정비가 추진되어야 한다는 것을 법으로 규정하고 있다'고 기술하고 있다. 또한 일본은 독서 활동의 추진을 국가의 책무로 보고 있다. 국가는 어린이의 독서 활동의 추진에 관한 시책을 종합적으로 수립하여 시행할 책임이 있다고 하였다.

책 읽기는 아이들에게 어휘력, 사고력, 표현력, 창의력을 가진 사람으로 성장시키고 다른 사람과 더불어 살아가는 힘을 가지게 한다. 내면 세계를 굳건히 하고 당당한 삶을 영위할 수 있는 힘을 준다. 그리고 뇌를 활성화시켜 똑똑한 뇌로 바꾼다. 이와 같은 독서가 가지는 가치를 알아보고, 어린이들의 독서 활동을 지원하기 위해 일본은 국가가 나서서 독서 활성화에 주력하고 있다. 일본이 선진대국이 될 수 있었던 것도 독서를 중요시 여긴 결과 독서 강국의 길을 걸었기 때문이다. 독서하는 국민이 많은 나라가 뛰어난 인재가 많은 것은 당연한 결과이다.

교육 전문가들은 '독서는 아이들에게 이해력은 물론, 상상력, 창의력, 풍부한 지식, 간접경험, 비판적 사고, 공감하는 능력 등을 키울 수 있는 활동이기 때문에 꼭 필요한 습관이다. 특히 독서를 통해 쌓은 간접 경험과 지식은 아이들의 문제 해결 능력을 높이는 데도 도움을 준다'며, 미래에는 창의력과 함께 소통하고 공감하는 능력이 중요한 만큼 어려서부터 독서 습관을 가지는 것은 더욱 중요해졌다고 강조한다.

아이들의 놀이 공간이 된 도서관

독서교육은 학생들로 하여금 올바른 독서 습관을 형성하고 효과적인 독서 능력을 갖추게 하는 데 있다. 학교 도서관의 기능은 학생들에게 인격 형성과 교과학습에 필요한 자료를 안내하고 그러한 자료를 활용하는 방법을 교육하는 데 있다. 따라서 학교 도서관이 독서교육의 핵심 인프라이며 학교 도서관을 운영하는 사서 교사가 독서교육의 핵심 주체라는 주장에 이견이 없다. 이는 도서관 선진국에서는 일반인들조차 폭넓게 공감하고 있는 상식이다.[24)]

최근 학교를 건축할 때 신중하게 고려하는 곳이 도서관과 체육관이다. 이곳은 아이들이 교과 수업 이외에 활동하는 장소이기 때문이다. 그래서 위치가 중요하다.

도서관의 위치는 어디에 있는 것이 가장 좋을까? 최고의 장소는 학교 내에서 모든 아이가 접근하기가 가장 용이한 곳이다.

몇 년 전 일본 학교를 방문할 기회가 있어 학교를 둘러보다가 우연

---

24) 윤유라 외, 일본의 독서교육에서 학교 도서관의 의미, 〈한국도서관 정보학회지〉(제41권 제1호), p. 188.

히 건물과 건물을 연결하는 곳을 지나게 되었다. 아이들이 모여 있었다. 작은 도서관이었다. 선생님은 없었지만 여기저기 자유롭게 책을 찾거나 보는 아이, 엎드려서 책을 보는 아이, 벽에 기대어 책 속에 빠져 있는 아이, 소곤소곤 친구와 책을 함께 고르고 있는 아이, 책을 빌리려고 줄을 서 있는 아이, 책을 빌려주는 도우미 아이들이 모여 있었지만 전혀 혼란해 보이지 않았다. 너무 신기했다. 도서관은 전교생이 접근하기 가장 쉬운 곳에 있었고, 쉬는 시간에도 복잡한 시장 같은 곳이었다. 그러나 큰 소리를 내거나 뛰어다니는 아이들은 찾아볼 수 없었다. 도서관을 중심으로 학교를 건축하는 일본 학교를 보고 잠시 내가 만들어 볼 학교를 구상해 보았다. 내가 만들고 싶은 학교는 '학교 건물에서 가장 중심에 도서관과 체육관이 있는 학교! 아이들이 늘 모일 수 있는 장소'였다.

최근 경남 창원의 한 도서관을 견학한 적이 있다. 경상남도교육청이 폐교된 학교 체육관을 리모델링하고 '지혜의 바다'라고 이름을 붙인 도서관이었다. '지혜의 바다'라는 이름이 더욱 나를 설레게 했다. 체육관의 높은 천장과 큰 공간을 그대로 살려서 아이들이 좋아할 만한 공간이 많았다. 원래 체육관의 무대였던 곳은 아이들이 자유롭게 뒹굴며 놀거나 책을 볼 수 있는 공간으로 만들어져 있었다. 주말 저녁에는 공연도 자주 한다고 한다. 도서관이라는 곳은 이제 책만 보는 공간이 아니었다. 그리고 다락방 같은 작은 방도 마련해 주었다. 책과 함께 오직 자신만의 상상의 세계와 조우할 수 있는 곳이었다. 미래 도서관의 모습을 조금 당겨서 보는 것 같았다. 이제 우리도 독서 강국으로 성큼 다가선 것은 아닌가 하는 생각이 들었다.

일본의
한 학교 도서관의 일상

교육방송에서 일본 학교 도서관을 촬영하여 보여 준 적이 있다. 그 장면을 요약하면 다음과 같다.

아이들 개인별 독서카드는 도서관 한 곳에 보관한다. 반별로 카드를 보관하고 사용하도록 하고 있다. 아이들은 1년에 평균 80권씩 책을 읽는다. 6년 동안 약 500권의 책을 읽는다. 도서관의 한쪽에서는 저학년 아동들에게 책 읽어 주는 수업이 진행되고 있다. 아이들은 점심 식사와 교실 청소를 마치고 도서관으로 향한다. 아침보다 붐빈다. 도서관이 결코 조용하지 않다는 점이 특이하다. 아이들은 끼리끼리 모여서 책을 보고 있다. 책에 대해 이야기하고 재미있는 책을 서로 권하는 등 책이 공통의 화제가 되고 있다.

아이들에게 책은 장난감처럼 친숙한 존재가 되어 있다. 책을 가지고 놀면서 서로 대화를 나누다 보니 도서관은 시끌벅적하기도 하다. 책을 보는 것이 재미있는 놀이를 하듯 모두 즐거운 표정이다. 놀이터 같이 재미있는 도서관, 가고 싶은 도서관이었다. 이전 도서관처럼 정숙만을 요구하는 곳이라면 아이들이 이렇게 많이 오지는 않을 것이다. 도서관은 무조건 조용해야 한다는 우리의 상식을 깨고 있다.

국가의 미래를 알고 싶다면 그 나라의 도서관을 보면 알 수 있다고 한다. 도서관에서 책을 읽는 사람이 많은 나라는 당연히 지적으로 우수하고 깊이 있는 학문을 연구할 인재들이 나올 가능성이 훨씬 높다.

PART 4

천재를 만드는 독서의 비밀

4-1

소리 내어 읽기(낭독)의 비밀

'서당에서도 뇌의 비밀을 알고 있었을까?'

조선의 대표 풍속화가 단원 김홍도(金弘道, 1745~1806)의 풍속도 화첩 중에 서당에서 공부하는 모습을 풍자한 그림이 있다. 훈장님께 매를 맞았는지 울고 있는 아이와 책을 읽고 있는 아이들도 보인다.

조선시대 서당식 교육은 글을 반복해서 읽고 그 뜻을 익히는 방법이었다. 소리 내어 읽으며 설렁설렁 몸의 리듬을 타기도 했다. 지금 우리의 교실과는 사뭇 다르지만 소리 내어 읽기가 뇌를 활성화시킨다는 현대 뇌과학자들의 연구 결과와 교육 효과 측면에서 일치하는 면이 있다. 뇌과학자들 관점에서 학습을 시작하기 전에 소리 내어 읽는 것은 뇌를 활성화한다는 점에서 효과적이라 볼 수 있다. 뇌는 외부 감각기관으로부터 정보를 받으면 받을수록 더 활성화되기 때문이다.

뇌에 대한 연구는 현대에 와서 활발하게 이루어지고 있지만 그 역사는 기원전으로 거슬러 올라간다. 우리 선조는 수천 년 전부터 뇌의 본질적 가치를 알아보았다. 우리 민족의 오랜 경전인 《삼일신고》에 '자성구자(自性求子), 강재이뇌(降在爾腦)'라는 문구가 있다. '본성에서 찾으라, 너희 뇌 속에 이미 내려와 있다'는 뜻이다. 고대 이집트와 로마 시대에도 뇌수술 흔적과 뇌를 탐구하였던 기록이 남아 있다. 인류가 먼 옛날부터 뇌에 관심을 가지고 있었다는 증거이다.

그렇다면 우리의 선조들도 뇌의 비밀을 알고 소리 내어 읽는 학습 방법을 도입한 것일까? 과학적으로 증명하지는 못하지만 그 효과에 대해 나름 통찰력은 가지고 있었을 것이다.

묵독과 낭독 그리고 뇌

운동선수들이 운동을 시작하기 전에 준비운동을 하듯이 뇌를 많이 사용하는 학습을 하기 전에 뇌를 자극하는 준비운동이 필요하다. 2011년 MBC 프로그램에서 방영된 〈우리 아이 뇌를 깨우는 101가지 비밀〉에서 밝힌 연구결과는 이를 뒷받침해 준다.

초등학생을 대상으로 두 개의 그룹으로 나누어 기억력 실험을 하였다.

[실험 조건 1] 성적이 비슷한 학생들을 두 그룹으로 나누어 단순 기억력 검사를 한다.

[실험 조건 2] 두 그룹 모두에게 학년 수준에 맞추어 이전에 읽어 본 적이 없는 책을 주고 일정 부분 꼼꼼히 읽도록 한다. 첫 번째 그룹은 묵독으로 읽고, 두 번째 그룹은 낭독으로 읽도록 한다.

정해진 시간이 지난 뒤에 책에 대한 내용으로 독서 퀴즈 평가를 하였다. 1차 평가 결과, 낭독팀은 평균 50.6, 묵독팀은 36.0으로 낭독이 더 효과적임이 밝혀졌다. 두 그룹의 읽는 법을 서로 바꾸어 2차 실험을 하였다. 낭독팀 57.5, 묵독팀 평균 38.7로 2차 평가 결과도 낭독의 결과가 훨씬 높게 나왔다. 평가에 참여한 어떤 학생은 묵독에서 낭독으로 바꾸니 무려 점수가 24점이나 상승하기도 하였다.

학생들은 묵독으로 읽으면 빨리 읽을 수 있어서 시간이 절약되어 좋았으나 암기할 때는 소리 내서 읽는 것이 효과적이었다고 했다. 즉, 묵독은 책 내용을 더 빨리 읽을 수 있었지만 기억하기는 더 어려웠다는 것이다. 이러한 결과는 소리 내어 읽는 것이 그렇지 않은 경우보다 뇌를 더 활성화하여 학습에 도움이 된다는 것을 말해 주고 있다. 전문가들은 저학년일수록 소리 내어 읽는 것이 효과적이라고 말한다.

낭독하는 아이의 뇌

스탠포드대학의 코니 주얼 교수는 아이가 말과 글을 처음 접할 때 배운 음소들이 초등학교 1~2학년 때 글을 이해하는 과정에서 중요한 역할을 한다는 사실을 발견하였다. 아이들이 책을 읽을 때 소리 내어 읽는 것은 소리와 문자의 연결에 대한 이해를 빠르게 하여 언어 구사 능력을 향상시킨다는 것이다. 따라서 초등학교 1학년 때 음소 인지 능력이 좋은 아이는 고학년이 되어서 우수한 독서가가 될 가능성이 높다.

그렇다면 낭독하는 아이들의 뇌 속에는 어떤 일이 일어나고 있는가?

fMRI로 뇌를 촬영한 결과, 묵독할 때보다 낭독할 때 뇌의 여러 영역이 활성화되었다. 특히 운동 사령부인 소뇌가 활성화되는 것을 확인하였다. 더불어 말하기 중추인 브로카 영역과 듣기를 담당하는 청각 영역들도 활성화되었다. 책을 소리 내어 읽으면 눈으로 글자를 보고, 입으로 소리를 내게 되어 시각과 청각, 운동 영역을 고루 자극하게 된다. 즉, 많은 외부 감각 기관을 동시에 자극하여 뇌의 여러 영역을 활성화시킨다.

가천의과대학 신경외과 김영보 교수는 "낭독은 시각, 청각, 입 운동 등 많은 자극이 동시에 이루어져 쉽게 뇌를 활성화시킬 수 있다"고 하였다. 또 "기억은 운동이다"라고도 하였다. 어렸을 때 본 것이나 경험하고 배운 것은 세월이 흐르면 쉽게 잊힌다. 그러나 어릴 때 배운 자전거 타는 법은 많은 세월이 흘러도 몸이 기억한다. 몸으로 경험하고 배운 것은 체득되어 기억이 오래간다는 것이다.

따라서 뇌를 활성화시켜 좋은 뇌를 가지고 싶다면 소리 내어 읽기는 좋은 방법이다. 학교에서 교사가 수업 시작 전에 소리 내어 읽기를 하거나 몸을 움직이는 놀이를 하는 것은 학습활동을 위해 뇌를 깨우는 작업이다. 뇌가 활성화되면서 학습에 집중력을 높일 수 있다. 교실에서 학습효과를 높이고 싶다면 소리 내어 읽기로 시작해 보자.

4-2

책 읽기와 뇌의 비밀

"책 읽기가 아이의 뇌 발달에 필요한 자극을 주는 가장 좋은 방법이라는 전문가들의 주장이 힘을 얻고 있다."

KBS 〈읽기혁명〉 제작팀이 발간한 《뇌가 좋은 아이》에서 밝힌 내용이다.

책을 읽어 주거나 스스로 읽는 것은 아이의 뇌를 똑똑하게 만들기 위해서만은 아니다. 책은 인간의 삶과 세상에 대한 호기심을 가지고 질문하게 만들고, 그 질문에 대한 답을 찾으려는 탐구욕을 불러일으킨다. 궁극적으로 인간과 세상을 이해하게 하여 풍부한 지식과 더불어 세상을 보는 안목을 넓혀 준다. 그리고 몸과 마음을 단련하고 모든 현상에 대한 이해력을 높여 지혜와 통찰력을 기를 수 있다. 또한 꿈과 비전, 세상을 변화시키려는 의지를 가지게 하기 때문에 책 읽기는 중요하다.

대학수학능력시험에서 우수한 능력을 보이는 학생들 중에는 사교육을 받은 적이 없다고 하는 학생들이 많다. 그 학생들의 공통점은 부모가 어릴 때부터 매일 책을 읽어 주었다는 것이다. 아이들이 혼자 글을 읽을 수 있게 된 후에도 계속해서 책을 함께 읽거나 읽어 주기를 하였다. 그러한 가정에는 TV나 게임기 대신 거실에 다양한 책으로 가득 차 있었다. 가끔 영재들이 나오는 프로그램을 보면 알 수 있다. 영재 아이가 사는 집의 공통점은 거실과 아이의 방에 책이 많다는 것이다. 늘 책과 함께하는 아이들 모습을 볼 수 있다. 책은 아이들이 배울 내용들이 풍성하게 쌓여 있는 보고이다. 새로운 것을 배우고 창의적 사고력을 기르고자 한다면 가장 먼저 실천해야 할 일은 독서이다.

책 읽기와 뇌의 비밀: 미엘린(myelin)

UCLA 신경정신과 조지바조키스 교수는 "뇌는 태어나서 성인이 될 때까지 네 배 가까이 성장을 하는데, 그 성장의 대부분은 미엘린에 의해 유도된다"고 말했다. 뇌의 각 신경세포는 성장 단계에 따라 영역별로 미엘린화를 거친다. 이 과정을 통해 지능이 발달한다. 일반적으로 미엘린화되었다는 것은 그 부분이 잘 발달되었다는 것을 의미한다. 즉, 뇌가 성장했다는 말이다.

신경세포인 뉴런은 일반 세포와 달리 세포체에 가지를 많이 가지고 있다. 이 가지는 많은 수상돌기와 유독 굵은 축삭돌기로 이루어져 있다. 가지들은 다른 뉴런과 끝없이 정보를 교환하는 신경연결망 역할을 한다. 우리 뇌는 이러한 정보전달 과정을 빠르고 효율적으로 하기 위해 전선을 플라스틱 피복으로 둘러싸는 것처럼 가지를 감싸는 미엘린 작업을 한다. 즉, 신경세포를 둘러싸서 뉴런을 통해 전달되는 전기신호가 누출되거나 흩어지지 않게 한다. 그리고 미엘린은 지질지방과 단백질로 이뤄진 물질로 미엘린이 신경세포 주변에 축적되는 것을 미엘린화라고 한다. 미엘린화된 부분이 두터울수록 신경세포 간의 정보전달 속도가 빨라진다. 미엘린화는 뇌에서 정보전달이 광케이블을 타고 가는 것처럼 빨라진다는 말이다.

처음부터 글을 잘 읽는 뇌는 없다. 감각기관을 통한 외부자극은 태어날 때부터 잘 받아들이지만, 글은 태어나면서 자연스럽게 읽을 수 없다. 글자는 인간이 만들어낸 발명품이다. 그래서 글을 읽는 행위는 뇌에게 자연스럽지 못한 일이다. 반면 듣는 능력은 일찍 발달한다. 부모가 소리 내어 책을 읽어 주면 태아는 엄마 뱃속에서도 듣는다. 소리를 듣게 되는 것은 청각신경세포가 미엘린화되었다는 것을 의미한다. 보통 청각신경은 임신 6개월째에 미엘린화가 이루어진다. 이것은 태아가 6개월부터 들을 수 있다는 것을 의미한다. 특히 엄마 몸에서 생성된 다양한 소리와 세상의 많은 소리를 듣기 시작한다. 이때 엄마, 아빠의 목소리도 듣기 시작한다. 반면 시신경은 출생 후 6개월 정도 되어야 완성된다. 그리고 다른 감각 및 운동신경은 5세 정도 되어야 완성단계에 들어선다.

미엘린은 책 읽기와 관련이 깊다. 독서 능력은 뇌의 미엘린화에 따라 크게 성장하게 된다. 일찍부터 책을 읽어 주어 '듣기' 자극을 주어야 하는 이유도 바로 미엘린화와 관련된다. 부모의 감성과 울림이 있는 듣기 자극으로 미엘린이 느슨해지지 않도록 하여 건강한 뇌가 되도록 해야 한다. 미엘린화는 지능 발달의 핵심 요소이다.

사실 독서라는 것은 전뇌를 활용하는 통합적인 활동이다. 시각, 청각, 베르니케 영역, 브로카 영역의 모든 부분이 언어 및 새로운 개념들을 연결하고 통합할 수 있는 뇌의 능력과 관련된다. 뇌의 이러한 통합 능력은 각 영역들의 연결과 정보전달 속도에 관련되는 미엘린화에 따라 달라진다.

뇌의 미엘린화를 돕기 위해 책을 읽어 주는 부모는 현명하다. 책 읽는 소리들은 뇌에 자극을 주어 미엘린화를 돕고 좋은 뇌로 성장하는데 긍정적인 효과를 준다. 미엘린화가 이루어진 뇌는 독서 능력도 빠르게 향상된다. 책을 읽을 때 내용을 해석하고 받아들이는 속도가 빨라진다. 뇌의 정보처리 능력이 극대화되어 똑똑한 뇌가 되는 것이다. 그래서 엄마 뱃속에 있는 태아와 대화를 하고 책을 읽어 주면 좋다는 것이다. 나중에 아기가 태어나서 처음 듣는 소리가 부모의 익숙한 목소리라면 아기는 정서적으로 안정되어 뇌는 더 빠르게 성장하게 될 것이다. 이처럼 뉴런의 미엘린화가 이루어지면서 책 읽는 뇌도 발달되어 독서가로 자라게 된다.

아이의 읽기능력은 독서가 결정한다

아이들에게 독서교육을 하는 목적은 책을 좋아하고 책 읽는 습관을 가지게 하는 데 있다. 아이들의 능력은 무한하지만 서두르거나 조급함이 많은 어른들로 인하여 도리어 그 능력이 계발되지 못하는 경우가 있다. 아이들이 그냥 책이 좋아서 스스로 읽고 싶은 마음이 생기도록 만들어 주는 것이 더 중요하다. 가끔 독서와 논술, 독서와 토론 등 가시적인 성과를 바라는 부모로 인하여 아이들이 책에 대한 거부감을 가지게 되어서 어린이 독서가를 포기하게 만들기도 한다. 조심해야 할 일이다.

어린아이가 글자에 호기심을 가질 때가 있다. 거리의 간판 글자와 장난감, 텔레비전을 보면서 글자에 대하여 묻게 된다. 이렇게 글자에 대한 호기심을 가질 때가 온다. 바로 이때가 한글을 가르칠 적기이다.

1학년을 전문으로 하는 선생님들은 글자를 알고 입학한 아이와 그렇지 않은 아이의 읽기 능력이 같아지는 시기가 있다고 말한다. 3월에 입학하고 그해 10월이면 그 차이가 거의 없게 된다고 한다. 이것은 수십 년의 경험에서 나오는 말이다. 아이들의 읽기와 쓰기 능력은 글자를 얼마나 빨리 익혔는지와 상관이 적다. 글자를 모르고 입학했지만 학년 초부터 책과 친해지고 좋아하게 된 아이들은 읽기 능력이 빠르게 향상되었다는 것이다.

이렇게 책을 좋아하는 아이는 책과 함께 성장하면서 지식과 정보를 많이 축적하게 된다. 책을 읽으면서 다양한 경험을 쌓고 책 속의 많은 사람을 만나면서 마음도 크게 성장한다. 그래서 친구들과 대화를 나눌 때 설득력 있고 조리 있게 말하여 친구들에게 믿음을 준다. 친구들 사이에서 자연스럽게 인기가 올라가고 리더로서 자질을 가지게 된다.

4-3

책 읽어 주기의 힘

"하루 15분씩 아이에게 책을 읽어 주세요!"

아이를 키우는 부모들은 '역사상 뛰어난 천재들처럼 키울 수 있는 비법은 없을까?', '어떻게 하면 똑똑한 아이로 키울 수 있을까?'에 대하여 관심을 가지고 있을 것이다. 특히 우리나라 부모들은 내 아이가 다른 아이들보다 더 똑똑하고 더 좋은 대학에 가기를 바라며 그렇게 만들려고 애쓰고 있다. 이러한 바람을 가진 부모들은《하루 15분 책 읽어 주기의 힘》의 저자 짐 트렐리즈의 말에 주목해야 한다.

"하루 15분씩 아이에게 책을 읽어 주세요!"

그는 책 읽어 주는 시기는 아이가 뱃속에 있을 때부터 초등학교 시기까지가 가장 중요하다고 말하고 있다.

아이에게 최초의 교사는 부모다. 부모가 아이에게 주는 무한사랑과 따뜻한 말, 좋은 학습 공간 등 긍정적인 환경과 지적 자극을 주는 재료들이 풍부할수록 아이의 뇌는 크게 성장한다. 정서적으로 안정되고 외부 자극들이 풍성할수록 아이의 뇌 발달에 영향력을 끼친다는 말이다. 부모가 아이의 눈을 사랑스럽게 바라보며 관심을 가지고 말을 거는 것만으로도 아이들은 잠재된 언어 능력을 발휘한다. 무리하게 글자를 빨리 가르치려고 애쓰는 일은 하지 않아도 된다. 아이들의 발달 속도에 다소 차이가 있는 것은 당연하다. 아이의 신체와 정신의 발달에 과민 반응을 보이지 않아도 된다. 인간은 끊임없이 성장하는 유기체이다.

독서의 시작은 들려주기

《나는 1학년 담임입니다》의 저자 송주현은 말하고 있다.

"아이들은 이야기를 좋아한다. 이야기는 책 속에 있다. 그래서 아이들은 책을 좋아한다"고 하였다. 상상의 세계로 들어가게 하는 동화책 속의 이야기, 만화 같은 이야기, 할머니가 들려주시던 이야기는 아이들만의 세계로 들어가게 한다. 입을 헤 벌리고 듣는 아이, 넋을 놓고 듣는 아이 등 이야기는 아이들을 집중시키고 몰입시킨다.

나도 어린 시절 겨울밤에 할머니께서 들려주시던 이야기들이 지금도 생생하게 기억난다. 그것은 너무 놀랍고 흥미로운 경험이었기 때문에 감정을 담당하는 뇌의 편도체에 각인되어 지금도 영화를 보듯 생생하게 기억한다. 이야기를 통하여 상상하고 꿈꾸는 환상적인 세계로의 탐험은 뇌를 신나게 만든다.

이야기에 대한 아이들의 열정은 아이의 표정을 보면 알 수 있다. 이야기를 마치면 아이들은 언제 또 다른 얘기를 해 줄 것인지 묻는다. 이야기에 대한 이러한 열정은 아이들이 스스로 책을 찾아 읽게 만들 수 있다. 무조건 책을 주고 읽으라고 강요하기보다는 책을 좋아하는 아이로 만들어야 한다. 이야기를 들으면서 자란 아이는 상상력이 풍부한 아이로 자란다.

아이는 초등학교 입학 전에 대개 혼자서 그림책과 같은 책을 읽을 수 있게 된다. 이때 아이들은 책이 주는 지식과 감동을 맛보면서 스스로 책 읽는 사람으로 자라게 된다. 초등학생이 되면 아이들은 글자가 많은 책도 술술 읽게 된다. 이렇게 되기까지 아이들은 많은 시간을 필요로 한다. 조급한 부모는 기다림을 참지 못하고 이야기를 들려주기보다는 좀 더 빨리 그리고 많이 읽게 하기 위해서 아이 앞에 책을 쌓아두기도 한다. 이때부터 아이들은 책 읽기와 책을 통한 공부가 고통이 되기 시작한다. 배움에 대한 호기심과 즐거움보다는 부모의 기대에 대한 반응으로 칭찬 받기 위해서 책을 읽거나 공부를 하게 된다. 아이가 책에 대해 부정적인 기억을 가지지 않도록 주의해야 한다.

아이들의 독서력은 부모나 교사가 읽어 주는 이야기들이 단초가 된다. 따라서 책을 좋아하는 뇌로 변하게 만드는 데 결정적인 역할을 할 수 있는 사람은 바로 부모와 교사이다. 부모와 교사는 미래의 아이들의 삶에 가장 영향력을 가진 사람이다.

책 읽어 주는 교사

아이들은 부모나 교사가 소리 내어 읽어 주는 것을 좋아한다. 특히 어릴 때 엄마 품 안에서 책 읽는 소리를 들려주는 것은 최적의 환경을 제공하는 것이다. 심리적으로나 정서적으로 가장 안정된 상태이기 때문이다. 이때 아이의 뇌는 외부의 자극과 감각기관을 통하여 들어오는 정보를 잘 받아들일 수 있는 상태가 된다. 유연하고 긍정적인 뇌가 된다.

어느 연구기관에서 초등학생 6학년을 대상으로 독서 관련 설문조사를 실시하였다. 설문 결과를 분석한 것을 보면 학생들이 가장 선호하는 것은 아침 자율독서 시간이었다. 그다음은 교사가 소리 내어 읽어 주는 활동으로 나타났다. 책 선택에서도 교사가 정해 주는 책을 읽는 것을 가장 좋아하였다. 아이들은 책을 고를 때 많이 망설인다. 어떤 책을 읽어야 좋은지 결정하기 어려워한다. 독서력이 낮은 아이들은 교사의 도움을 받아 책을 결정한다. 교사가 아이의 발달 단계와 특성을 고려하여 추천해 준 책은 좋은 읽기 자료가 된다. 학생들 입장에서도 책 고르기가 힘들 때 가장 신뢰할 수 있는 사람은 선생님이라고 응답하였다. 선생님이 정해 주기 때문에 쉽게 골라 읽을 수 있었다고 답하였다.

교실에서 아침 자율독서 시간에 선생님이 아이들에게 책을 읽어 주는 것은 선생님과 아이들 관계에도 좋은 영향을 미친다. 아이들은 사랑을 담아 책을 읽어 주는 선생님과 같이 있는 것만으로도 마음이 안정된다. 이런 교실에서 자란 아이들은 책을 좋아하지 않을 수 없다. 선생님과 함께 책 속으로 빠져 들어가 상상의 나래를 펼친다. 함께 읽은 책 내용으로 친구들과 토론하는 문화가 생기기 시작한다. 이러한 사고 활동들이 아이들의 생각하는 힘을 기르고 뇌를 변화시킨다. 뇌가 변하면 몸과 마음도 변한다. 이것은 과학적으로 증명되고 있다.

이제 뇌가 하는 일을 잘 알고 뇌를 잘 활용하는 것은 비밀스러운 일이 아니다. 뇌와 몸 그리고 마음이 서로 연결되어 있다는 것은 누구나 아는 사실이다. 뇌를 이해하고 활용하는 방법을 아는 교사와 학생들은 교실 수업의 질적 변화를 가져올 수 있다.

책 읽기와 읽어 주기를 통하여 아이들은 선생님과 지속적으로 소통하고 좋은 관계가 형성된다. 이러한 과정은 학교 학습과도 연결이 된다. 책은 다른 사람을 이해하는 데 좋은 안내자이자 매개체다. 그래서 우리는 책을 귀하게 여기고 곁에 두어야 하며 진실로 사랑해야 한다.

뇌도 읽기 준비가 필요하다

《책 읽는 뇌》의 저자 메리언 울프 교수는 아이들에게 너무 일찍 글을 깨우치게 하는 것은 과학적으로는 물론 교육학적으로도 바람직하지 않다고 말한다.

"미국에서는 요즘 3살짜리 아이에게 글을 읽는 법을 가르치

는 곳이 많습니다. 그것은 매우 좋지 않습니다. 생리학자로서 조각을 하나로 합치는 뇌의 구조를 알고 있습니다. 그것을 각회라고 하죠. 그 부분은 5살 정도부터 발달하기 시작합니다."

_메리언 울프

뇌과학적으로 볼 때 글자를 가르칠 적기는 5세라고 그는 설명한다. 글을 읽으려면 시각, 청각, 언어 영역이 하나로 합쳐지는 뇌의 부분이 활성화되어야 하는데, 그 부분은 5세부터 발달하기 때문이다. 보고 듣고 읽는 기능이 한꺼번에 연결되지 않은 상태에서 책을 읽게 되면, 정확하게 이해가 되지 않는 것은 물론 심리적인 스트레스를 받을 수 있다.

그렇다면 5세 이전에는 어떻게 책을 읽는 것이 좋을까?

메리언 울프 박사는 말한다.

"엄마 품에 안겨 엄마의 목소리로 듣는 것이 최고의 방법이다."[25)]

과거 한때 우리는 학교를 비즈니스처럼 운영하려는 시도를 한 적이 있었다. 아이들을 과학적이고 기계론적 시각으로 바라보았다. 그래서 아이들의 뇌에 지식만 주입하려고 했다. 그리고 너무 빨리 결과를 보기를 원했다. 기다려주지 못했다.

아이들의 성장 가능성은 무한하지만 아이들마다 성장 속도는 다르다. 따라서 아이가 5세가 되기 전에 글을 깨치게 하려고 서두를 필요가

---

25) EBS 제작팀, 《학교란 무엇인가》, 중앙북스, 2013, pp. 97-98.

없다. 아이의 음성언어는 만 5세를 기점으로 완성된다. 더 중요한 것은 아이마다 발달 정도가 다르다는 것이다. 아이의 뇌가 얼마나 준비되었는지를 파악하는 것이 중요하다. 그래서 아이들의 뇌 발달과 성장 단계에 맞는 책 읽기 지도가 중요하다. 우리 아이들을 평생 독서가로 성장시켜야 하기 때문이다.

책 읽기와 뇌의 비밀: 베르니케 & 브로카 영역

우리 뇌에는 언어를 관장하는 두 가지 영역이 있다. 하나는 뇌의 왼쪽 측두엽 상단에 위치한 베르니케 영역으로 말을 듣고 이해하는, 즉 언어 정보 해석을 담당한다. 또 하나는 전두엽 왼쪽에 있는 브로카 영역인데, 이곳에서는 베르니케 영역에서 처리된 정보를 입을 통해 표현하도록 통제한다.

1861년 프랑스의 인류학자이자 외과의사인 폴 브로카는 한 환자를 검진하고 있었다. 환자는 '탄'이라는 단음절어 이외에는 아무 말도 할 수 없는 상태였다. 며칠 후 환자가 사망하자, 브로카는 시신을 해부하면서 뇌도 관찰하였다. 뇌의 전두엽에 커다란 구멍이 있었다. 이 부분이 뇌의 좌반구 전두엽에 위치한 브로카 영역이다.

의사 브로카는 이 현상에 대해 연구를 하였다. 연구 결과 손상된 영역은 말을 하는 능력을 관장하는 영역으로, 말을 이해하는 능력과는 다르다는 것을 알아냈다. 그리고 뇌의 왼쪽 반구가 언어 능력에 특화되어 그 능력을 지배한다는 논문을 발표하였다.

1874년 독일 신경학자 칼 베르니케는 말은 잘하는데 문장으로는 전달력이 전혀 없는 환자를 발견하였다. 다른 사람의 말을 이해하지도 못했다. 베르니케는 환자의 왼쪽 반구 측두엽 부위가 손상되었다는 것을 알아냈다. 이 부위의 손상이 이해력을 상실시켰다는 가설을 세우고 연구를 한 결과 이 부분이 언어 정보를 해석하는 영역임을 밝혔다.[26]

부모가 읽어 준 책의 내용은 아이 뇌의 베르니케 영역으로 입력된 후 뇌 안에 그냥 머물지 않고 바로 브로카 영역으로 보내진다. 그리고 아이 입을 통해 느낌이나 감정으로 표현되기 때문에 두 영역이 유기적으로 작동할 수 있게 된다. 따라서 부모가 책을 읽어 주고, 책을 읽으면서 대화를 나누는 것이 아이의 총체적인 언어 능력은 물론 두뇌를 발달하게 한다는 것을 알 수 있다.

---

26) 승현준, 《커넥톰, 뇌의 지도》, 신상규 옮김, 김영사, 2014, pp. 44-48.

4-4

창의력을 일깨우는 독서법

"한 나라가 가진 진정한 부의 원천은 그 나라 국민들의 창의력에 달려 있다."

영국의 정치경제학자 애덤 스미스(Adam Smith, 1723~1790)는 《국부론》에서 개인의 창의력이 국가의 경제력을 좌우한다고 언급하였다.

수백 년이 지났지만 애덤 스미스의 통찰은 현재도 유효하다. 4차 산업혁명 시대에 창의력은 아이들이 미래에 가져야 할 가장 중요한 역량이 되었다. 국가와 개인의 경쟁력이 창의력에 달려 있기 때문이다. 창의력이 뛰어난 아이는 미래사회에 빨리 적응하여 자신의 재능을 발휘할 가능성이 높다. 다양한 분야에서 경쟁력을 보이며 뛰어난 능력자로 살아갈 것이다. 이것이 우리의 미래를 책임질 아이들에게 '창의력 교육'이 필요한 이유이다.

창의력은 어떻게 길러지는가?

창의력은 새로운 것을 생각해 내는 능력을 말하고, 창의성은 새로운 것을 생각해 내는 특성을 말한다. 창의성은 새로운 생각과 개념을 찾아내거나 기존에 있던 생각과 개념들을 새롭게 조합해 내는 것과 연관이 있다. 창의성은 정신적이고 사회적인 과정으로 인간의 초자연적인 것이 아니라 뇌 활동의 결과이다. 즉 창의성은 문제를 바라보는 새로운 시선, 뇌 속 사고를 담당하는 영역의 확장, 새로운 학습과 경험으로 가지게 되는 특성이다. 이러한 요소들이 융합하고 연결되는 과정이 오랜 시간 축적되고, 끝까지 문제를 해결하려는 의지와 인내력이 높은 사람이 되었을 때 유레카 모멘트(Eureka Moment, 섬광 같은 통찰의 순간)가 찾아온다.

창의적인 사람은 지적 호기심이 높다는 특성을 가지고 있다. 새로운 의견을 생각해 내거나 탁월한 아이디어로 발상을 전환하는 사람들이다. 또한 독서나 다양한 경험을 통하여 나만의 독창적인 생각을 하고 나만의 방법으로 표현해 보는 과정을 중요시 여긴다. 따라서 창의력은 다방면의 지식과 경험이 축적되어야 가능한 능력이라고 볼 수 있다. 결국 창의력은 오랜 숙고와 시행착오를 거친 훈련과 연습의 결과물들을 서로 연결하고 융합하여 새로운 개념을 설계할 수 있는 능력을 말한다.

뇌과학에서 창의력은 뇌 속 신경망이 기존의 연결과는 다른 유형으로 재구성됨에 따라 문제 해결이나 창조를 위한 새로운 아이디어가 생성되는 능력이라고 할 수 있다. 지금은 뇌과학의 발전으로 뇌의 각 부위가 어떤 역할을 하는지 알게 되었다. 가령, 상황판단은 전전두엽이 담당하고 시각처리는 후두엽이 처리하는 등 영역별로 어떤 역할을 하는지 알아냈다. 그러나 창의성을 다루는 뇌 영역은 누구도 밝혀내지 못하였다. 아인슈타인 같은 천재의 뇌도 특별한 것이 없었다. 다만 창의적인 아이디어가 나오는 순간과 유레카 모멘트가 일어나는 그 순간에 뇌의 여러 영역이 활성화된다는 사실은 관찰되었다. 평소에 신호전달이 약했던 부분까지 뉴런 간 신호전달이 이루어졌다는 것이다.[27)]

사실 최초의 호모사피엔스의 뇌는 생존에 유리하도록 설계되었다. 그런 면에서 창의성을 다루는 뇌는 현실 생존에 바로 필요한 것은 아니었다. 그래서인지 창의성은 생존과 상관없이 평소 하지 않던 연결을 시도할 때 발현된다는 것이다. 즉 학습이나 운동, 악기 연습 등 새로운 것에 도전하고 기능을 익힐 때 생긴다. 창의적인 뇌는 새로운 배움으로 입력된 것들과 기존에 가지고 있던 것들과의 생산적인 재편성이라고 볼 수 있다. 뇌 구조의 혁신적인 변화를 의미한다.

뇌과학자들은 창의성을 높이기 위해서 평소에 잘 안 쓰고 잘 연결하지 않는, 즉 신호를 주고받지 않는 뇌 영역들 간에 정보를 주고받을 수 있도록 해야 한다고 말한다. 창의적인 순간은 현재 가지고 있는 지식과 새로운 지식들을 서로 연결시키는 수많은 시도 속에서 탄생된다. 계

---

27) 예술인(news.kawf.kr), Vol.25, 뇌과학으로 본 창의성, 2018.6.

속되는 실패에도 포기하지 않는 사람들, 끝까지 새로운 것을 시도하는 사람들이 창의적인 아이디어를 만들어 낼 가능성이 높다. 이러한 사람들은 과거뿐만 아니라 현재에도 많이 존재한다. 바로 진화론의 찰스 다윈, 발명왕 토머스 에디슨, 애플의 창립자 스티브 잡스, 《노인과 바다》의 저자 어니스트 헤밍웨이 등 어떤 어려움 속에서도 포기하지 않았던 사람들이다. 특히 헤밍웨이는 《노인과 바다》를 16년 동안 고쳐 썼고, 《무기여 잘 있거라》의 표현을 바로 잡느라 마지막 페이지를 서른아홉 번이나 고쳐 썼다고 한다.

이 같은 창의력을 우리 아이들이 가지게 하려면 어떻게 해야 할까? 교육을 담당하는 사람들이 최근에 가장 많이 연구하고 있는 분야이다. 독서교육전문가들은 창의적인 사고력을 높여주는 데 독서가 중요하다고 말한다. 독서가 아이들의 사고력을 신장시켜 창의적인 사고를 할 수 있는 능력을 향상시킨다는 것이다. 아이들은 다양한 책을 읽으면서 지식과 정보를 흡수하고 간접경험을 통하여 세상의 움직임과 흐름을 간파할 수 있는 지혜를 얻는다. 이러한 독서와 다양한 경험을 하면서 겪게 되는 수많은 시행착오와 자신을 성찰하는 과정이 창의성의 원천이 된다는 것이다. 때로는 사람과의 대화나 영화, 소설 등 다른 분야에서 입력된 정보가 창의성의 재료가 되기도 한다.

일반인이 생각하지 못하는 창의적인 사고를 하고 어떤 분야에 탁월한 재능을 보이는 사람들을 천재라고 부른다. 천재들의 공통점은 세상을 바꾼 위대한 업적을 남겼다는 것과 독서광이었다는 공통점을 가지고 있다. 그들은 치열한 삶 속에서 축적된 지식과 경험으로 뇌를 변화시키고 창조성을 가지게 된 것이다. 어느 날 갑자기 하늘에서 떨어지는 '유레카'는 존재하지 않는다.

그리스의 철학자, 수학자, 물리학자인 아르키메데스(기원전 287~212)는 시라큐스 왕 히에로 2세(Hiero II)로부터 "이 금관이 순금으로 제작된 것인지 아니면 은을 섞어 만든 것인지를 알아내라"는 명령을 받았다. 오랜 시간을 고민하고 있던 어느 날 그는 목욕하다가 욕조에 들어가자 물이 넘치는 것을 보고 비중의 개념을 깨닫는다. 알몸으로 집 안과 거리를 뛰어다니며 "유레카(Eureka)"를 외쳤다. 이러한 아이디어는 아르키메데스가 갑자기 얻은 것이 아니다. 그동안 그가 비중의 개념을 깨닫기까지 수많은 시간을 연구하고 고민한 결과이다. 천재성은 오랜 고통과 인내하는 삶 속에서 발현된 호기심과 탐구의 결과인 것이다.

창의력을 가진 사람은 자신의 힘으로 뇌를 변화시키고 만들어나가는 사람들이다. 이런 사람들은 지적 호기심이 풍부하여 늘 책을 통하여 의문을 해결하곤 하였다. 그리고 책 속에서 영감을 얻어 인류에게 수많은 업적을 남겼다. 책은 나의 뇌를 변화시키는 강력한 에너지원이다.

독서는 창의력 향상에 강력한 무기다

《창조하는 뇌》에서 저자 데이비드 이글먼은 "세상에 존재하는 모든 것은 어느 날 갑자기 생겨난 것이 아니다. 이전에 존재했던 것을 자신의 경험과 주변에서 제공하는 재료들을 토대로 리모델링하여 재창조한 것이다"라고 말하고 있다. 우리는 다른 사람에게 물려받거나 우연히 찾아낸 아이디어로 새로운 것을 만들어낸다. 우리는 수십억 조상의 상속자로서 매 순간 그들이 물려준 인지 소프트웨어를 활용한다. 오로지 인간만이 자신의 상상 속 세계를 탐구할 수 있는 뇌를 가지고 있다. 그리고 인간만이 환상을 현실로 바꾸는 위대한 문명을 창조하였다.

농업혁명에서 산업혁명까지 무려 1만 년 이상이 걸렸지만 산업혁명에서 전구 발명까지는 120년밖에 걸리지 않았다. 그로부터 인간이 달에 착륙하기까지는 고작 90년이 걸렸다. 그리고 월드와이드웹까지(world wide web: www)는 22년이 걸렸고 다시 9년 후에는 인간 게놈을 완전히 해독하였다.[28] 이러한 결과는 인간만이 가진 뇌의 가소성과 신축성 그리고 창의적 사고방식 때문이다. 우리는 기존에 존재하는 것에서 출발하여 현재와 미래의 모습을 끊임없이 재창조하면서 문명사회를 교체하고 있다. 즉, 모든 것은 이전에 있던 혁신 생태계에서 생겨난 것이다.

나는 불혹의 나이에 세상에 대한 호기심과 지식에 목말라 책을 찾았다. 8년 동안 탐욕적으로 2,000권을 읽었다. 그때 문득 세상의 모든 사상과 학문, 종교, 예술, 역사는 서로 연결되어 있다는 것을 깨달았다. 또한 책은 읽으면 읽을수록 세상은 점점 더 넓어지고 호기심과 탐구하고자 하는 것은 더 많아져 갔다.

---

28) 데이비드 이글먼, 《창조하는 뇌》, 엄성수 옮김, 쌤앤파커스, 2019, p. 62.

책 속에서 수많은 현자와 위대한 사람을 만나면서 "인간이란? 나는 누구인가? 역사란? 문명과 종교란?" 이러한 물음이 생겼고 또한 질문에 대한 답도 책에서 찾고자 했다. 인간의 보편적 삶과 세상의 흐름, 역사적 물음에 대한 답을 찾는 과정에서 깨달음의 기쁨을 알기 시작하였다. 그리고 위대한 삶을 살았던 현자들과 창의적인 혁신가들의 탄생은 책을 통한 지식의 축적에서 시작되었다는 것을 알게 되었다.

위대한 업적을 남긴 발명가나 과학자, 예술가들은 다양한 책을 만나면서 뇌가 폭발적으로 변하여 창의성이라는 비범한 능력을 갖추게 되었다. 또한 각 분야의 전문가들은 대체로 한 가지 일만 잘하는 것이 아니다. 물리학자인 아르망 투르소는 "최악의 과학자는 예술가가 아닌 과학자이며, 최악의 예술가는 과학자가 아닌 예술가이다"라고 하였다. 의사였던 슈바이처는 오히려 오르간 연주자로 유명하였다.

많은 과학자는 막힌 문제들을 예상치 못한 곳에서 찾기도 한다. 독서뿐만 아니라 다양한 경험들이 통합되고 융합되었을 때 창의적인 생각을 할 수 있다는 것을 말해 주고 있다. 그래도 그중에서 책이 나를 변화시키는 데 가장 결정적인 역할을 하였다.

창의성은 어디서 오는가?

사람들은 '창의성'이나 '혁신'이라는 단어를 떠올릴 때, 마치 하늘에서 번개가 치듯이 '번쩍이는 아이디어'가 생겨난 것으로 생각한다. 그러나 창의와 혁신은 '하늘 아래 새로운 것'이 아니라 인류가 쌓아온 지적 토대를 바탕으로 새롭게 '가공'된 것이다.

스티브 잡스가 만든 애플의 GUI(Graphic User Interface)와 마우스를 처음으로 개념설계한 곳은 복사기 전문 업체인 제록스였다. 제록스는 사용자가 편리하게 사용하도록 화면을 그래픽으로 구성하는 아이디어를 가지고 있었다. 입력 장치도 키보드와 함께 마우스도 연결하는 등 새로운 개념의 컴퓨터를 설계한 것이다. 당시 컴퓨터는 텍스트 위주로 운용되고 있었다. 그러나 제록스가 구상한 새로운 개념의 컴퓨터는 시판되지 않았다. 제록스의 간부들이 가능성을 받아들이지 않았기 때문이다. 그러나 이를 눈여겨 본 사람들이 있었다. 바로 스티브 잡스와 빌 게이츠였다. 그들은 훗날 제록스가 만든 GUI와 마우스를 개인용 컴퓨터에 도입하면서 가장 창의적인 개발품을 만들었다는 평을 받게 되었다. 그들의 기발한 창의성에 사람들은 모두 놀랐다. 결국 사용자가 더 편하게 컴퓨터를 사용하도록 끊임없는 스케일 업을 한 사람은 바로 스티브 잡스와 빌 게이츠였다.

새로운 것, 창의적인 것은 결국 기존의 것을 토대로 개념설계를 하고 스케일 업을 통하여 탄생하는 것이다. 이렇게 미래를 내다보는 지혜와 통찰력을 그들은 어떻게 가지게 되었을까? 답은 바로 독서였다. 어릴 때부터 독서광으로 살아온 그들은 세상의 지식을 흡수하고 고전을 통하여 위대한 사람들의 지혜를 배운 것이다.

고대로부터 지금까지 전해오는 방대한 지식과 지혜, 아이디어는 모두 책 속에 있다. 최고의 멘토도 책 속에서 만날 수 있다. 천재들과 매일 만나서 대화하고 그들의 삶과 탐구 방법을 배울 수 있는 곳도 책이다. 독서는 번개가 치듯 번쩍이는 아이디어를 가질 수 있게 해 주는 출발점이다.

4-5

천재를 키우는 독서법

미국 대학입학자격시험인 SAT에서 매년 최고의 성적을 거두는 학교가 있다.

바로 '토머스 제퍼슨 과학고등학교'다.

최고의 성적을 낼 수 있었던 것은 우수한 학생이 입학한 것도 있겠지만 수업 방식에 그 비밀이 있다. 전과목의 수업이 세미나 형식으로 진행된다. 이 수업은 이야기할 주제에 적합한 책을 찾는 일부터 시작한다. 책을 읽고 정리하여 하나의 주제를 뽑아내야만 수업에 참여할 수 있기 때문이다. 또한 학생들은 OR(Outside Reading)이라는 작문 과제를 1년 내내 해야 한다.[29] 과제 해결을 위해서 매일 양서를 읽고 그 내용에 대한 분석과 감상을 정리해야 한다.

29) EBS 〈학교란 무엇인가〉 제작팀, 《학교란 무엇인가》, 중앙북스, 2013, p. 121.

버클리대학교 교육대학원 학장 데이비드 피어슨은 "독서와 작문을 배우게 될 때 여러 조합의 전략을 얻게 된다. 자신이 읽고 있는 것에 대해 이해하기 위한 감각을 얻게 되고, 읽은 것에 대해 요약을 하는 법을 배우게 되고, 이해가 되지 않았던 어려운 내용에 대해 이해하기 위한 방법을 알아내려 한다. 이런 것들은 학생들이 문학을 읽을 때뿐만 아니라 과학이나 사회학, 수학에서조차 도움이 될 수 있다"라고 말했다.

데이비드 피어슨의 말처럼 토머스 제퍼슨 과학고등학교 학생들은 치열한 독서와 에세이 쓰기를 통하여 독서숙련가의 뇌를 가지게 된 것이다. 책을 읽고 사색하면서 자신의 생각을 정리하여 쓰는 과정은 뇌의 브로카 영역, 각회, 측두엽, 두정엽 등 뇌의 전 영역을 활성화시킨다. 이렇게 발달된 뇌는 입력되는 외부 정보를 신속하게 해석하고 분석하여 연결하는 융합적 사고력을 가지게 된다. 당연히 학력도 높을 수밖에 없다.

Great Design!:
책 읽기가 '천재'의 뇌를 만든다

지금 세계는 4차 산업혁명 시대라는 구호가 요란하게 펴져나가고 있다. 인공지능(AI) 로봇, 사물인터넷(IoT), 무인 자동차, 지능형 드론 등 미래의 세상은 상상 그 이상일 것이다. 너무 빠르게 변하고 지식과 정보가 폭발적으로 늘어나고 있다.

이러한 시대를 살아갈 인간은 어떤 역량을 가지고 있어야 하는가?

교육기관과 학교는 깊은 고민에 빠졌다. 총체적 시스템의 전환이 필요하다는 것에 동의한다. 무엇보다 큰 그림이 필요한 시기이다. 최소한 몇 세기를 내다보는 큰 안목과 지혜를 모아 설계하는 것에 기대해 본다.

첨단 장비와 멀티미디어 기술이 세상을 지배하는 21세기, 인간의 상상력과 창의성의 끝은 어디에 있는가를 외치게 만드는 경이로운 제품들이 쏟아져 나오고 혁신적인 정보들도 넘쳐나고 있다. 쉴 새 없이 변화하는 환경 속에서 세계는 다시 책에 눈을 돌리고 있다. '독서'의 중요성에 대해서 모르는 사람은 아무도 없다. 그것은 바로 '독서'의 위대한 힘을 알고 있기 때문이다. 독서는 뇌 구조를 바꾸어 상상력이 풍부한 뇌, 창의적인 뇌, 지혜로운 뇌, 통찰력을 가진 뇌로 만들어 주는 위대한 일이다.

책을 읽는 것은 단순히 언어발달을 위한 것만은 아니다. 독서는 아이의 전반적인 뇌 발달에 큰 영향을 미친다. 일본 도호쿠대학교 의학부의 가와시마 류타 교수는 책을 읽을 때와 읽지 않을 때의 뇌 변화를 연구하여 세계적인 명성을 얻었다. 그는 상상력과 독서는 깊은 연관이 있고, 그 부분은 바로 뇌의 전전두엽이라고 설명하였다. 결국 책을 많이 읽으면 전전두엽이 훈련되어 우수한 뇌가 만들어진다는 것이다. 천재의 뇌를 가지고 싶다면 먼저 독서부터 시작해야 한다.

독서가 천재의 뇌를 만든다는 것은 위인들의 사례에서 확인할 수 있다. 어린 시절 저능아, 바보라는 놀림을 받았던 에디슨이나 아인슈타인, 처칠은 탐욕적으로 책을 읽으면서 완전히 다른 사람으로 변했다. 물론 그들에게 유전적인 잠재능력이 숨겨져 있었는지 확인할 수는 없다. 다만 그들이 가진 고유한 능력을 일깨워준 것은 분명 '독서'였다. 굳이 위인들을 언급하지 않더라도, '독서'가 두뇌 발달은 물론 학습에 지대한 영향을 미치는 사례는 수없이 많다. 명문 대학교를 진학한 우등생들과 영재들의 공통점 중 가장 두드러진 것은 바로 남다른 독서력이다. 치열하게 독서하는 삶이 독서력을 키운다. 이 독서력이 뇌를 단련하고 좋은 뇌로 성장시킨다.

그러면 책 대신 다른 자극을 받은 아이의 뇌는 어떻게 될까? 한 연구결과에 의하면 매일 2시간 이상 영상물에 노출된 생후 12개월 미만 아이들은 어머니와의 불안정 애착증세, 자폐적 성향, 언어발달 지연, 정서조절문제 등이 나타났다. 정상적인 아이의 뇌는 변연계 부분이 붉게 보이지만, 영상에 과다 노출된 아이는 아무런 변화도 보이지 않았다. 이러한 이유로 미국 소아학회에서는 2세 미만의 아기에게 절대로 TV를 보지 못하도록 권고하고 있다.[30] 텔레비전을 적게 본 아이들의 뇌 발달이 더 우수하다는 결과는 이미 입증되어 있다.

독서는 게임을 하거나 TV를 보는 것과는 달리 활자를 읽고 상상하고 연상하는 등 뇌 활동을 역동적으로 만든다. 책을 많이 읽은 아이는 학교에서 더 좋은 성적을 낼 뿐만 아니라 언어 능력, 즉 남의 말을 듣고 대화를 나눌 수 있는 능력이 더 우수한 것으로 밝혀졌다. 독서를 많이 할수록 옳고 그름을 판단하거나 충동을 억제하는 고도의 정신 기능을

30) EBS 〈학교란 무엇인가〉 제작팀, 《학교란 무엇인가》, 중앙북스, 2013, pp. 94-95.

담당하는 전두엽이 발달한다. 보통의 사람들도 체계적으로 독서교육을 받고 독서를 꾸준하게 한다면 우수한 능력을 가진 뇌로 발달시킬 수 있다. 주변에 독서로 삶을 바꾸고 인생을 바꾼 사람들을 보라. 똑똑한 뇌를 만들고 싶다면 먼저 책을 가까이 할 수 있는 환경부터 만들자. 그리고 목표를 정하여 독서하라. 독서하면서 세상에 질문을 던지고 책 속의 위대한 사람들과 이야기를 나누어라.

무한불성(無汗不成): 땀 흘린 만큼 이룰 수 있다

《마스터리의 법칙》에서 저자 로버트 그린은 '마스터리'를 "인간이 발휘할 수 있는 최고 수준의 잠재력을 나타내는 힘이자 지성"이라고 하면서 인간이 각자 고유하게 가진 잠재된 능력을 계발하여 어떤 분야의 고수나 위대한 거장이 되는 법을 이야기하고 있다.

'만약, 인간이 누구나 마스터리에 이를 수 있는 두뇌 구조와 잠재력을 가지고 있다면, 역사 속에서 극소수의 사람만이 그 잠재력을 발휘하여 탁월한 성취를 이룬 이유는 무엇일까?'

'인류에게 혁명적인 위대한 업적을 남긴 사람들의 힘을 무엇으로 설명할 수 있는가?'

가령, 어릴 때 특출한 재능을 보이는 영재라 불리던 아이가 성인이 되어서 기대만큼 영재성을 발휘하지 못하는 경우가 있다. 또 어렸을 때 그다지 재능을 보이지 않던 아이가 점차 자라면서 성공의 길로 가는 경우도 있다. 우리는 모차르트나 레오나르도와 같은 역사상 천재라고 불리는 사람들이 이룬 위대한 업적과 성취에 대해 선천적 재능이나 높은 IQ로 그들의 능력을 설명할 수는 없다.

다만, 천재라 불리는 사람들의 이면에는 길고 고된 과정들이 있었다. 그들은 특정 분야에 대한 연구에 에너지를 쏟아부었고, 무엇보다 배우고자 하는 강렬한 욕구와 좋아하는 일에 강한 애착과 열정이 남달랐다는 것이다.

우리가 어떤 분야에서 최고의 경지에 도달하기 위해서는 관련 기술이나 학문을 부단히 배우고 치열한 연습과 축적을 해야 한다. 가끔 10대 어린 나이에 자신이 원하는 분야에서 고수가 된 사람들이 있다. 그들의 공통점을 보면 먼저 5~6세에 자신이 정말 좋아하는 것을 발견하였다는 것, 삶의 목표를 정했다는 것, 배우고 익히는 것에 집중하였다는 것, 수없이 반복되는 시행착오와 실패를 경험하였다는 것, 끈기와 실패에 굴하지 않는 의지력이 일반 아이들보다 높았다는 것이다. 이러한 것은 나이와 상관이 없다. 단지 시간 투자와 자신을 관리하고 끝까지 도전하여 성공하려는 의지가 굳건해야 한다.

요즘 70대 나이에도 불구하고 자신이 하고 싶은 일에 도전하는 어른들도 많다. '대기만성(大器晩成)'이라는 말이 있다. 큰 그릇은 늦게 만들어진다는 의미를 담고 있는 말이다. 동양에서는 일찍 자신의 꿈을 이루는 것도 좋지만 포기하지 않고 꾸준하게 지속적으로 배우고 익히는 작업을 하는 것을 성공의 비결로 생각하였다.

《손자병법(孫子兵法)》의 손무는 어지러운 세상을 피해 20년간 산속에서 숨어 살며 병법을 깊이 연구하여 위대한 병법 책을 썼다. 팝계의 우상이요, 팝의 고전적인 인물이 된 영국의 록 밴드 비틀즈도 1960년 독일 함부르크에서 풋내기 밴드로 시작하였다. 고향 리버풀에는 록큰롤 클럽이 없어서 독일로 떠나야만 했다. 그러나 그들의 독일 생활은 힘든 시간이었다. 휴일도 없이 매일 하루 8시간 동안 연주를 했다. 비틀즈는 여러 가지 곡을 다양한 방법으로 연주할 수밖에 없었다. 이러한 혹독한 연습과 연주를 하는 시간이 쌓여 훗날 세계 최고의 밴드로 알려지게 되었다. 그들이 알려지기 시작한 것은 1964년부터였다. 지금도 비틀즈는 전 세계인에게 사랑받고 있다.

교육학자들은 천재가 가져야 할 역량 중에서 가장 중요한 것은 끈기와 인내라고 말한다. 실패에 대하여 끊임없이 다시 도전하여 끝까지 해내려는 끈기가 바로 천재를 만들어 낸다는 것이다.

대부분의 사람들은 핑계를 찾는다. 또는 회피 전략으로 미리 실패에 대한 방어를 한다. '아직 준비가 되지 않았어', '다음에 시간이 되면 해 봐야지', '아직 나는 많이 부족해' 등 어려운 상황에 대한 자기 합리화에 급급하다.

독서력을 끌어올리는 일은 어렵고 힘든 과정이다. 책을 읽을 때 적절한 격려와 칭찬으로 긍정적인 마음을 가지게 하는 것도 좋은 방법이다. 또한 아이들에게 독서를 통하여 성취하고자 하는 동기를 부여하고, 실패에 대한 두려움보다 강인한 회복력과 자신감을 가진 사람으로 자라게 해야 한다.

독서하면 천재가 되나요?

1955년 알베르트 아인슈타인이 사망했다. 그의 시신은 화장되었다. 그러나 그의 뇌는 화장되지 않았다. 당시 아인슈타인을 검시한 병리학자 토머스 하비 박사가 아인슈타인의 뇌를 따로 빼내어 다양한 각도에서 사진을 찍고 뇌의 일부를 240조각으로 분리해서 보관하고 있었다. 수십 년 동안 여러 학자가 아인슈타인의 뇌를 연구하였다. 가장 궁금한 것은 '천재라 불리는 그의 뇌가 일반인의 뇌와 다른 점이 무엇인가?'였다.

하비 박사가 뇌를 훔친 것은 고인에 대한 예의가 아니라고 비난받을 일이었지만 아이러니하게도 희대의 천재에 대한 환상을 깨는 데 기여하였다. 뇌를 분석한 결과를 보면 아인슈타인의 뇌는 1,230g으로 일반인의 뇌보다 작았다. 일반인의 평균 뇌의 무게는 1,400g이다. 사고(思考)를 담당하는 대뇌피질도 일반인보다 얇았으며, 대뇌의 주름도 별 차이점을 발견하지 못했다. 특이한 점은 두정엽이라 불리는 피질 영역이 일반인에 비해 15% 더 컸다. 두정엽은 수학적인 추론, 시간적·공간적 지각력을 담당한다. 대뇌피질의 신경세포의 수는 일반인보다 더 많이 있었다고 한다.[31)]

뇌는 우리의 삶의 결과이다. 독서를 하거나 악기를 연주하거나 무언가 창조적인 일을 하는 과정에서 뇌는 연결회로를 재조직하면서 발달

31) 승현준, 《커넥톰, 뇌의 지도》, 김영사, 2014, p. 49.

한다. 천재성은 뇌를 어떻게 활용하는가에 달려 있다.

자신의 천재성에 대한 주변의 관심에 아인슈타인은 "나는 특별한 재능이 아니라 열정적인 호기심을 남들보다 많이 갖고 있을 뿐이다"라고 말했다.

아인슈타인은 5세 때 아버지에게 나침반을 선물 받았다. 항상 한 방향으로 가리키는 나침반 바늘을 관찰하면서 바늘에 작용하는 어떤 보이지 않는 힘에 대한 강한 호기심을 가졌다고 한다. 결국 아인슈타인은 평생 보이지 않는 힘과 장(場)에 대해 탐구하였다. 탐구 과정에서 지독한 독서는 빼놓을 수 없다. 이처럼 아인슈타인의 강한 호기심과 탐구욕은 독서와 깊은 사색으로 연결되어, 그를 또 다른 세상으로 나아가게 만들었다.

아인슈타인은 박사학위를 받고도 보수를 받을 수 있는 직장을 가지지 못하고 있다가 겨우 스위스 특허청에서 특허심사와 관련된 일을 하게 되었다. 직장을 가지게 된 그는 아내와 안정된 생활을 하게 되었다. 하지만 그는 퇴근 후에 함께 물리학을 공부한 친구들과 독서클럽에서 꾸준하게 책을 읽고 토론하는 것을 멈추지 않았다. 훗날 아인슈타인이 발표한 상대성 이론도 칸트의 순수이성비판이라는 철학서에서 영감을 얻었다고 하였다. 10대 시절부터 아인슈타인은 인문고전과 다양한 장르의 책에 심취하였다. 이러한 노력들이 위대한 아인슈타인을 만들었다고 본다. 독서는 뇌를 깨우고 활성화하여 위대한 일을 하게 하는 단초적인 역할을 한다. 그것은 위대한 성현들이 독서광들이었다는 것에서 알 수 있다.

이처럼 독서는 뇌의 구조를 재편성하면서 끊임없이 성장시키는 매개 역할을 한다. 독서로 자신의 뇌를 건강하게 성장시키고, 나아가 우리 아이들이 위대한 사람으로 자라도록 모두가 독서에 관심을 집중하여야 한다.

PART 5

똑똑해지는 학생·직장인을 위한 독서 두뇌 혁명

5-1

똑똑한 뇌 만들기

'몸을 움직이고 독서하라. 그러면 뇌가 똑똑해진다.'

미국 다트머트대학 총장 김용은 "독서와 글쓰기는 어떤 사람이 운동선수가 되고 싶어 하는 것과 비슷하다고 생각한다. 어려운 책이든 자신이 좋아하는 책이든 독서하는 그 자체가 중요하다. 젊을 때 좋아하는 책을 찾아서 다 읽어라"고 말하면서 책 읽는 교양인이 되는 것을 강조하였다.

운동선수가 되기 위해 끊임없이 몸을 단련하고 기술을 익히는 연습을 하는 것처럼 독서도 습관이 될 때까지 매일 읽고 또 읽어야 한다. 다만 자신이 좋아하는 책을 읽는 것이 중요하다. 독서와 운동은 뇌를 활성화시키는 최고의 방법이라는 공통점을 가지고 있다. 몸을 움직이는 운동을 하고 치열하게 독서하라. 그러면 뇌는 건강하게 발달하고 똑똑해질 것이다.

독서로 전뇌를 활성화시키자

송재환은 《초등학교 1학년 공부, 책읽기가 전부다》에서 "교사와 부모는 아이들에게 독서를 하게 하되 우뇌니 좌뇌니, 상뇌니 하뇌니 하는 이분법적인 사고에서 탈피하여 통합적인 방식의 책 읽기가 되어야 한다는 것을 알고 있어야 한다"고 말한다.

독서는 뇌 조직을 재편성하면서 뇌를 좋게 하는 최고의 발명품이다. 레오나르도 다 빈치, 아인슈타인, 정약용, 최한기, 세종대왕 등은 다양한 주제의 독서를 통하여 의식이 확장되었다. 그들은 탐욕적으로 책을 읽으면서 호기심을 가지고 탐구하여 자연과 세상의 이치를 깨닫고자 하였다. 그래서 위대한 현자가 될 수 있었다.

아직 초보 독서가인 학생은 다양한 주제의 책을 폭넓게 읽는 것이 좋다. 독서력이 높아진 후에는 하나의 주제에 대해 깊이 있게 읽는 것도 좋은 독서법이다.

요즘 학생들은 영상 매체에 많이 노출되어 있다. 초등학교에서 상급학교로 진학할수록 시험문제 풀이에 매달리는 시간도 점점 많아진다. 이런 경우 뇌가 한쪽에 치우쳐서 활동한다. 아이들의 뇌가 균형 있게 성장하도록 좌·우뇌의 균형을 잡아 주어야 한다. 이때 책 읽기는 전두엽, 측두엽을 비롯하여 뇌의 많은 영역을 자극하기 때문에 전뇌를 발달시키는 데 효과적이다. 가령, 소설책을 읽을 때 등장인물의 성격이나 행동을 이해해야 재미가 있다. 또 책을 읽으면서 추리도 해 보고 느낌이나 생각을 표현해 보기도 한다. 이처럼 책 읽기는 기억뿐만 아니라 고등 정신을 활용하여 전뇌를 활성화시킨다.

손은 외부의 뇌

독일의 철학자 임마누엘 칸트(Immanuel Kant, 1724~1804)는 '손을 바깥으로 드러난 또 하나의 두뇌'라고 표현하였다.

손은 뇌와 연결되어 있다. 손에 있는 감각신경을 통하여 정보를 뇌로 보낸다. 동시에 뇌의 정보를 받는 운동기관이다. 손은 뇌를 자극하고 활성화시키는 도구임을 말하고 있다.

우리 몸은 머릿속 뇌지도와 매칭 관계를 맺고 있다고 한다. 캐나다 맥길대학에서 일했던 신경외과의사인 와일더 펜필드는 1930년부터 20년 동안 뇌수술 환자의 피질을 전기적으로 자극하면서 인간의 뇌와 신체 감각피질 부위의 반응을 관찰하여 우리 몸과 반응하는 뇌신체 지도를 만들었다. 또한 그는 대뇌피질이 받아들이는 신체감각이 부위별로 다르다는 점에 착안하여 대뇌피질의 비율에 따라 인체를 구성한 '펜필드의 호문쿨루스'라는 개념의 모형 지도를 만들었다.[32)]

호문쿨루스는 '작은 사람'이라는 뜻으로 뇌의 또 다른 지도를 의미

---

32) 구보타 기소우, 《손과 뇌》, 바다출판사, 2014, pp. 118-120.
굿가이-티스토리(nstckorea.tistory.com), 호문쿨루스, 2012.06.12.

한다. 이 지도의 특징은 우리 몸의 감각기관 중 입 주위와 손가락 부위에 대뇌피질의 감각신경 정보와 운동신경 정보를 전달하는 신경세포가 집중적으로 더 많이 분포되어 있다는 것이다. 이것은 입과 손가락을 움직이면 뇌의 많은 부분을 자극시키고 활성화된다는 것을 의미한다.

토머스 제퍼슨은 손을 많이 사용하는 기능공이나 공예가가 사물의 작동원리를 이해하고 실용적인 상식을 가지고 있기 때문에 더 훌륭한 사람이라고 했다. 또 아인슈타인은 손을 빠르고 정확하게 움직이면서 바이올린을 연습하는 것이 뇌의 사고 과정에 도움이 된다고 생각하였다.

옛 성현들이 살던 시절에는 독서를 하면서 필사를 하는 경우가 많았다. 또 책이 귀한 시절이라 통째로 베껴 쓰기도 했었다. 지금도 마찬가지로 책을 읽으며 메모하고 필사한다. 달라진 것이 있다면 주로 자판을 두드리면서 글자를 입력하는 것이다. 이처럼 눈으로 읽기, 소리 내어 읽기, 읽으면서 손을 움직이는 것은 뇌의 감각신경과 운동신경으로 연결된다. 따라서 이러한 독서활동은 뇌를 다각적으로 자극한다는 것을 알 수 있다.

지능도 변하고 성장한다

IQ(Intelligence Quotient)라는 단편적인 지능지수가 아이들의 능력을 좌우하는 시대는 지났다. 하버드대학에서 심리학을 연구하고 있는 하워드 가드너 교수는 다중지능이론을 발표하였다. 그는 인간의 지능을 언변·언어적 지능, 논리적·수학적 지능, 시각적·공간적 지능, 신체적·운동적 지능, 음악적·리듬적 지능, 실존주의적 지능, 자연주의적 지능, 대인관계 지능 8가지로 구분하였다. 그는 인간이 가진 지적 능력을 다양하게 바라보는 시각으로 인간의 다양한 능력을 제대로 평가하고 계발시키고자 새로운 지능 이론을 제시한 것이다.

인간은 자신만의 고유한 성향과 발현시킬 수 있는 잠재 능력을 가지고 있다. 어릴 때부터 특정한 분야에 관심과 열정을 가지고 엄청난 에너지로 한 분야에 집중하는 경우가 있다. 이런 고유한 특성이 있기 때문에 사람마다 끌리는 분야가 다른 것이다. 음악이나 수학, 스포츠, 무엇인가 손으로 만들기, 글쓰기 등 끌리는 분야가 다르다. 이러한 끌림을 더 강하게 경험하고 잠재된 능력을 계발하기 위해서는 인지적 자질에 더하여 인내와 끈기, 자신감 등 내적 에너지와 열정이 필요한 것이다.

뇌과학자들은 지능을 비롯한 인간의 능력은 학습과 연습, 반복 훈련으로 계발이 가능하다고 보고 있다. 즉 뇌는 나이가 들어도 외부 자극과 학습을 통하여 뉴런 간 시냅스 연결 구조를 재편성할 수 있고, 연결을 새로 만들거나 더 견고하게 강화할 수 있다는 것이다. 이러한 연구결과들은 가정과 학교에서 아이의 지능과 각자 가지고 있는 잠재능력을 언제든지 계발할 수 있다는 자신감을 심어주고 뇌 활용에 대한 관심을 가지게 하였다.

최근 뇌과학자들은 아이들의 정서가 뇌 발달에 영향을 미친다는 사실도 밝혀냈다. 나아가 기억과 감정은 서로 연결되어 있고, 인지 지능과 함께 정서 지능도 뇌와 관련되어 있음을 밝히고 있다. 따라서 가정이나 학교에서 아이들의 두뇌 발달을 위해 정서적으로 안정된 상태를 유지시켜 주는 것이 중요하다. 정서적으로 안정이 되면 감정을 조절하는 뇌 기능이 아이의 지능 발달을 촉진시킨다. 이것은 정서적 유대감이 어린아이에게 큰 영향력을 끼친다는 것을 말해 주고 있다.

그래서 학교에서도 아이들에게 지적 호기심과 탐구욕 그리고 정서적 자질을 함양해 주는 환경 조성의 필요성을 인식하게 되었다.

학생들에게 고통과 어려움을 견뎌내는 힘과 새로운 기능을 익히기 위해 연습하거나 책을 끝까지 읽어야 하는 힘든 과정을 이겨내는 내면의 힘을 길러주어야 한다는 것에도 공감하고 있다. 또한 아이들이 항상 사물과 자연을 관찰하며 지적 호기심을 자극할 수 있는 학습 풍토를 만들어 주면, 뇌가 발달하여 탁월한 능력을 갖춘 아이로 성장할 수 있다는 것에도 관심을 가지게 되었다. 아이들의 지능은 끊임없이 변하고 성장하는 유기체다. 이러한 변화와 성장의 중심에 독서가 있다.

거인의 어깨 위에 올라타라: 통찰력은 어떻게 길러지는가?

"내가 더 멀리 볼 수 있었던 것은 거인의 어깨 위에서 세상을 바라보았기 때문이다."

근대이론과학의 선구자로 과학혁명을 이룩한 아이작 뉴턴(Isaac Newton, 1642~1727)이 한 말이다.

사실 이 말은 뉴턴이 처음 한 말은 아니었다. 사회학자 로버트 머튼이 자신의 저서 《거인의 어깨 위에서》라는 책에서 이 문장을 추적하였다. 그는 무려 500년을 거슬러 올라가면서 여러 사람의 인용을 거쳐 1130년 베르나르 사르트르가 처음 사용하였다는 사실을 밝혔다. 머튼은 "어떤 개인에게 전적으로 공을 돌린다는 발상 자체가 근본적으로 오류다. 모든 창조자는 시공간에서 타인에게 둘러싸여 있고 죽은 자와 산 자를 불문하고 수많은 타인에게서 개념, 맥락, 도구, 방법론, 원리를 물려받는다."라고 말하고 있다.[33] 과학혁명은 뉴턴 혼자의 힘으로 이룩한 것이 아니다. 뉴턴이 말하는 거인은 가까이에는 니콜라우스 코페르니쿠스의 지동설, 갈릴레오 갈릴레이의 관성의 법칙, 요하네스 케플러의 행성운동법칙과 같은 선배 과학자들이 발견한 법칙이다. 또 더 멀리는 인류가 수천 년 동안 세상에 대해 가졌던 질문에 답을 찾으면서 삶을 살았던 성현들의 지혜와 자연의 이치를 관찰하고 연구한 결과들이다. 거인들의 위대한 연구 결과물과 통찰력은 시간이 지나도 그 위대함이 사라지지 않는다. 어쩌면 시간이 지나면 지날수록 더 빛이 날 것이다. 인류의 역사를 바꾼 혁신적인 이야기들은 글로 기록되어 책으로 전해지고 있다. 이러한 책을 읽는 사람이 다음 세대를 이끌 위대한 사람으로 탄생될 가능성이 크다.

---

33) 양유창, 거인의 어깨 위에 올라서다, rayspace.tistory.com, 2015.07.22.

프랑스 철학자 데카르트는 "좋은 책을 읽는 것은 과거의 가장 훌륭한 사람과 대화하는 것과 같다"라고 했다. 인류는 수많은 사람의 삶에서 얻은 영적 지혜와 통찰력이 축적되어 지금의 문명사회를 만들었다. 우리 조상들이 다양한 경험을 하고 실패를 거듭하면서 축적한 지혜는 책을 통하여 흡수할 수 있다. 이러한 과정들은 우리가 어떻게 살아야 하는지, 미래를 대비하여 준비해야 할 것은 무엇인지, 다가올 미래는 어떤 사회가 될 것인지, 강한 나라를 만들기 위해 우리는 어떤 인재가 필요한지 등 현재를 이해하고 미래를 예견할 수 있는 혜안을 준다.

결국 독서하는 아이는 거인의 어깨 위에서 더 멀리 세상을 볼 수 있는 능력을 겸비하게 된다. 또한 비범한 경험과 지혜를 축적하면서 직관적 통찰력을 갖춘 능력자로 성장하게 된다.

5-2

질문하며 읽는 독서의 기술

"질문으로 파고드는 사람은 이미 그 문제의 해답을 반쯤 얻은 것과 같다."

영국의 철학자 프랜시스 베이컨(Francis Bacon, 1561~1626)이 한 말이다. 공부하거나 독서하면서 의문과 호기심을 가지고 끊임없이 세상에 질문하는 것이야말로 삶의 문제를 풀어가는 열쇠가 아닐까 한다. 학문(學問)도 글자 그대로 배우고(學) 묻는(問) 과정이다.

알베르트 아인슈타인(Albert Einstein, 1879~1955)은 "만약 한 시간 동안 문제를 해결해야 한다면 나는 55분을 핵심이 되는 훌륭한 질문을 찾고 결정하는 데 보낼 것이다. 만약 그런 좋은 질문을 내가 찾았다면 나머지 5분 안에 나는 문제를 해결할 수 있을 것이다"라고 하며 질문의 중요성을 강조하였다.

하브루타 공부의 힘

요즘 아이들은 고학년으로 올라갈수록 질문을 하지 않는다. 질문거리가 없으니 책을 읽지 않고, 책을 읽지 않으니 질문할 게 없는 악순환이 지속된다. 우리가 책을 읽는 것은 지식과 교양을 쌓기 위함도 있지만, 어쩌면 더 많은 질문을 하기 위함이다.

유대인의 전통 학습 방법인 하브루타의 특별한 점은 짝을 지어 질문하고 대화를 나누면서 지식을 이해하고 문제를 해결해 나간다는 것이다. 즉, 토론과 논쟁을 하면서 성장해 나가는 학습법이다. 하브루타는 히브리어로 '하베르', 즉 '친구'라는 말이다. 여기서 '친구'는 말 그대로 함께 어울리는 사람을 뜻하기도 하지만, 학습 방법 측면에서는 학습자와 교수자라는 두 가지 의미를 동시에 가지고 있다.

친구지만 상대방을 가르쳐야 하는 일종의 의무감이나 책임감을 느끼게 된다. 따라서 함께 토론하고 서로 가르침을 주려면 자료를 찾아보고 책을 읽어야 한다. 이러한 강력한 동기부여를 주는 학습방법이 유대인을 공부의 신으로 만들었다.

실제 교실 수업 속에서 아이들에게 배움이 언제 잘 일어나는지 관찰해 보면, 친구들끼리 협력학습을 할 때가 가장 효과가 있음을 확인할 수 있다. 모둠학습을 할 때 소인수(4명)로 구성된 학생이 서로 이야기를 나누면서 문제를 해결해 나간다. 이때 한 아이가 질문하면 다른 아이들은 질문에 대해 답을 찾기 위해 서로 협력한다. 이 과정에서 서로 배우고 가르치는 관계가 형성되어 배움이 가장 잘 일어난다. 아이들은 교사가 가르칠 때보다 친구가 설명해 줄 때 더 잘 배운다고 말한다. 친구가 설명해 주면 문제에 대한 이해도 빠르고 재미있다고 한다. 교실 수업에서 배움은 모방하는 것에서 출발하여 서로 질문을 하면서 배움을 주고받는다는 것을 알 수 있다. 이러한 과정을 통해 아이들은 어느 순간 배움이 향상되는 것을 체험하게 된다.

책을 통해 스스로 배운다는 것은 의문에 대한 답을 찾아가는 과정이다. 배움은 호기심에 따른 질문으로 시작해서 질문으로 끝난다. 책을 읽으면서 끊임없이 일어나는 질문과 호기심은 책을 더 많이 읽게 하는 동기가 되기도 한다. 질문에 대한 답은 책에서 찾는 경우가 많기 때문이다. 이러한 과정에서 아이들의 뇌는 자극을 많이 받게 되어 사고 활동이 활발해진다. 사고하는 과정은 뇌를 활성화시킨다. 따라서 사고력, 논리력, 창의력이 자연스럽게 길러진다.

소크라테스처럼 질문하는 독서

고대 그리스 철학자 소크라테스(Socrates, 기원전 470~399)는 "무지(無知)를 아는 것이 곧 앎의 시작이다"라는 말을 남겼다. 동양의 위대한 철학자 공자도 제자 자로가 '안다는 것'이 무엇인지 물었을 때 "아는 것을 안다고 하고 모르는 것을 모른다고 하는 것, 그것이 바로 앎이다"라고 답했다.

우리는 심리적으로 자신의 무지가 드러날까 봐 두려워한다. 그러나 모르는 것을 호기심으로 연결하고 탐구하는 자세를 가지도록 노력한다면 자신의 능력을 발전시키는 데 효과적이다. 모르는 것이나 새로운 것에 대한 의문과 호기심은 배움의 원동력이 된다. 배움의 시작은 질문이다. 질문을 해결하기 위해 책을 읽으면서 의문을 해결해 나가는 과정을 즐긴다면 독서는 점점 더 흥미로운 삶의 일부분이 된다.

우리가 안다고 하는 것들은 대부분 책과 다른 매체를 통해 알게 된 정보들이거나 남이 말한 내용을 듣고 기억하고 있는 것들이다.

하지만 책을 읽으면서 하는 깊은 사색은 자신에게 질문을 던진다. 이러한 질문은 고요한 마음으로 세상의 사물이나 현상을 관찰하게 만든다. 나 자신에게 한 질문에 답을 찾는 과정에서 타인을 이해하는 깊은 마음과 통찰력을 가질 수 있다.

《소크라테스처럼 읽어라》의 저자 오준호는 "소크라테스가 묻고 답하는 대화를 통해 아테네 시민들의 생각을 깨운 것처럼, 책을 읽는 동안 우리는 책과 저자 그리고 우리 자신과 묻고 답하며 생각하는 힘과 비판적 사고를 키울 수 있다"라고 말하고 있다. 비판적 사고를 하는 독서야말로 효과적인 독서법의 제1원리이며, 독서의 궁극적인 목적이다. 저자의 생각이나 주장을 무조건 받아들이기보다 생각하는 독서를 해야 한다.

생각하는 독서가 바로 질문하는 독서이다. 소크라테스처럼 끊임없는 질문이 일어나고 질문에 답을 찾는 과정에서 지적 호기심이 발동하고 꼬리에 꼬리를 무는 질문으로 이어지게 된다. 이러한 과정이 사고력과 창의력을 가진 뇌로 성장하게 한다.

나에게 던지는 질문

나에게 던지는 질문은 자아성찰을 의미한다. 나는 누구인가? 나의 삶의 목표는 무엇인가? 나의 사명은? 왜 내가 여기에 있는지? 나에게 질문을 던지고 답을 찾아낸다면 위대한 사람으로 성장해 나갈 것이다.

바쁜 삶이지만 자주 호기심과 의문을 가져 보자. 그리고 책 속에서 성현들을 만나고 현자들의 이야기를 들어보자. 그러면 답을 찾을 것이다. 답을 찾는 과정이 자신을 성장시키고 뇌를 변화시켜 위대한 사람으로 만들 것이다.

책을 많이 읽는 사람은 책을 읽으면서 호기심과 새로운 아이디어가 떠오르는 경험을 자주 하게 된다. 그리고 상상력이 풍부해지고 생각하는 힘도 풍부해진다. 이러한 일들이 쌓여서 의식이 확장되고 진정한 깨달음의 경지에 도달하게 된다.

20세기 가장 위대한 희곡 작가 아서 밀러는 "지금 무슨 책을 읽고 있는가를 보면 그를 알 수 있다. 3년 후, 10년 후 어떤 사람이 될지는 지금 어떤 책을 읽느냐로 결정된다"고 하였다. 책이 인생을 바꾸고 어떤 사람으로 성장하는지 결정적인 역할을 한다는 말이다.

독서는 이해력을 키우기 위한 시작이다. 세상의 모든 지식과 만나는 첫 번째 통로이다. 더 넓은 지식의 세계로 나가게 하는 매개체가 바로 책이다. 책을 통하여 내면의 힘을 키우고 세상 밖으로 높이 날아오르는 꿈을 가지기를 바란다.

5-3

삶의 비전과 목표를 위한 독서의 기술

작가 켄 블렌차드는 그의 저서 《비전으로 가슴을 뛰게 하라》에서 "비전은 자신이 누구이고, 어디로 가고 있으며, 무엇이 그 여정을 인도할지 아는 것이다"라고 말한다.

비전은 목적을 달성해가는 과정에서 끊임없이 지침을 제공하는 영속적인 것이다. 목표는 달성하고 나면 끝나지만, 비전은 미래의 행동을 위한 뚜렷한 방향을 제시하고 새로운 목표를 설정하도록 도와준다. 아이들도 꿈이 있다. 이를 이루기 위한 목표와 비전도 함께 가진다면 삶이 더 풍부해지고 모든 일에 역동적으로 활동하게 된다.

지금
나의 모습을 보자

현재의 나의 몸과 마음을 점검하여 보자. 건강한 사람이 있는가 하면 각종 질병으로 아픔을 겪고 있는 사람도 있다. 지금의 내 몸과 마음의 상태는 어느 순간에 나타나는 결과가 아니다. 그동안 어떤 사람을 만나고, 어떤 책을 읽었으며, 어떤 음식을 섭취하고, 어떤 마음으로 살아왔는지에 대한 결과가 지금의 '나'이다.

사람들은 자신의 수준만큼 세상이 보인다고 한다. 미래의 성숙한 나의 몸과 마음을 위해서 지금 할 일은 먼저 자신을 아는 것이다. 좋은 책을 읽고 몸과 마음을 단련하는 것은 자신의 수준을 높이는 지름길이다. 미래의 나의 삶을 위해서도 중요하다. 성현들의 지혜가 담긴 고전과 다양한 책들을 통하여 자기 수양과 깨달음의 시간을 가져보자.

나는 책을 읽으면서 큰 꿈과 삶의 비전을 가지게 되었다. 나는 누구인가, 어떤 삶을 살 것인가, 역사란 무엇인가, 학교란 어떤 곳이어야 하는가 등 인간과 삶에 관해서 물었다. 다양한 책이 주는 지적 호기심을 가지고 늘 탐구하는 삶을 살았다. 몸과 마음을 건강하게 하는 방법도 책에서 찾았다. 꿈은 꿈꾸는 자만이 가질 수 있다. 위대하고 원대한 꿈이 삶을 신명나게 만든다.

아이들에게 책을 통하여 지적 호기심을 심어주고 국가와 인류를 위한 삶을 살고자 하는 꿈을 가질 수 있도록 도와주는 일은 가장 우선적으로 해야 할 일이라고 생각한다. 그래서 부모와 교사가 먼저 꿈과 비전을 가져야 한다. 아이들에게 부모와 교사는 최고의 스승이기 때문이다. 위대한 부모에게 똑똑하고 인품이 빼어난 아이가 있고 위대한 교사에게 탁월한 학습자가 있는 것은 당연한 결과이다.

부모와 교사의 바른 삶과 위대한 비전은 아이들을 사랑하고 그들의 삶이 풍성해지도록 이끌어 줄 때 가장 빛날 것이다.

왜 책을 읽는가?
큰 꿈을 가져라

'오랫동안 꿈을 그리는 사람은 마침내 그 꿈을 닮아간다.'

프랑스 소설가 앙드레 말로(André Malraux, 1901~1976)가 한 말이다.

모든 것은 꿈에서 시작된다. 먼저 꿈을 가져야 한다. 그리고 포기하지 않고 끈질기게 자신이 하고자 하는 일을 해나가다 보면 언젠가 꿈을 닮아간다는 것이다.

책 읽는 아이들은 왜 큰 꿈을 가지게 되는가? 책은 꿈을 실현하는 과정에 있거나 꿈을 이룬 사람들이 쓴 것이다. 책 속에는 위대한 인물들이 세상을 위해 살았던 이야기, 사랑으로 세상을 구하고자 했던 이야기, 민족과 국가를 지키기 위해 목숨을 바친 이야기, 자신이 공부하고 연구한 결과를 밝히는 이야기 등 세상을 앞서가는 사람들의 이야기가 많다. 이러한 책을 아이들이 읽는다면 자신의 삶을 성찰하게 되고, 삶에 대해 진지하게 고민하여 앞으로 이루고 싶은 꿈도 가지게 될 것이다. 책을 많이 읽는 아이들은 생각이 깊고 유연하기 때문에 꿈도 점점 성장하게 된다.

책은 시공간을 초월하여 위대한 성현들을 만나게 해 준다. 자신만의 공간에서 질문을 던지고 대화를 나눌 수 있다. 그들의 삶을 통하여 자신을 성찰하고 앞으로의 삶을 설계해 보기도 한다. 아이들의 꿈은 자주 바뀐다. 책을 많이 읽는 아이들은 꿈이 단순하지 않다. 보통의 아이들은 '운동선수, 연예인, 교사'와 같은 직업을 말한다. 그 과정을 깊이 있게 생각해 보지 않고 막연하게 말할 뿐이다. 그러나 책을 많이 읽으면서 자신의 꿈을 키운 아이들은 비전과 사명의식을 가지고 꿈을 얘기한다. 꿈을 이야기할 때 단순히 직업으로서 말하기보다는 꿈을 이루고 난 뒤의 삶에 관해서도 이야기한다. 가령, 교사가 꿈이라고 말하는 대신에 '교사가 되어 아이들의 잠재 능력을 찾아주고 미래에 대한 희망을 주는 사람이 되고 싶다'라고 말한다. 또 의사가 되고 싶다는 말과 함께 '생명의 소중함을 알고 가난하고 병든 사람들을 치료해 주는 사람이 되고 싶다'고 한다.

아이들은 책을 통하여 더 많은 세상을 알아가고 위대한 성현들을 만나면서 자신이 진정으로 원하는 삶을 꿈꾸게 된다. 그래서 책을 읽고 세상을 보는 눈이 달라져 의식이 확장된 아이는 삶의 목표와 꿈이 다를 수밖에 없다.

'생각하는 힘, 창의력, 더 좋은 뇌, 글을 잘 쓰는 능력, 탁월한 지적 능력' 등 다양한 능력을 갖추기 위해 어른들은 아이들에게 책 읽기를 권유한다. 독서가 뇌를 발달시키고 창의력을 가지게 한다는 것은 이제 누구나 아는 사실이 되었다. 여기에 한 가지를 더한다면 책은 학생들에게 큰 꿈을 가지게 한다는 것에 주목해야 한다.

꿈을 이룬 사람들은 왜 독서를 강조할까?

"책 한 권 한 권이 내게 새로운 것을 일깨워 주고 세상을 다른 눈으로 볼 수 있게 해 주었다."

마이크로소프트의 창업자이자 억만장자인 빌 게이츠가 한 말이다. 그는 오늘날 자신을 만든 것은 동네의 작은 도서관이었다고 말했다. 지금도 독서광인 그의 개인 도서관에는 1만 4천여 권의 책이 있다고 한다. 어린 시절 아버지로부터 영향을 받은 독서 습관은 그를 평생 독서가이자 평생 학습자로 만들었다. 지금도 그는 1년에 50권 이상의 책을 읽는 독서가이다.

독서로 자신의 삶을 바꾸고 인생을 바꾼 사람들은 수없이 많다. 어린 시절에 만난 한 권의 책이 인생에 미치는 영향이 얼마나 큰지는 꿈을 이룬 사람들의 말을 통해서 알 수 있다. 오프라 윈프리도 자라면서 유일한 친구는 책이었다고 고백했다. 그녀의 어린 시절은 일반인이 상상조차 할 수 없는 어렵고 처참한 삶이었다. 늘 폭력에 노출되어 있었고, 마약을 하기도 했다. 그런 그녀가 놀라운 성공을 거둘 수 있었던 비결은 무엇이었을까? 오프라 윈프리는 한 치의 망설임도 없이 '독서'라고 말한다. 불행한 어린 시절을 보냈지만 책은 늘 가까이했다고 한다. 참담한 상황을 극복하고 새로운 세상을 펼치기 위해 책을 읽었다. 지금 그녀는 세계적으로 유명한 쇼 진행자로 100여 개 나라에서 방송되고 있다. 억만장자이며 아이들을 위한 기부자로도 유명하다.

"책을 통해 나는 인생에서 가능성이 있다는 것과 세상에 나처럼 사는 사람이 또 있다는 걸 알았다. 독서는 내게 희망을 주었다. 책은 내게 열려진 문과 같았다."

오프라 윈프리의 말이다.

이처럼 성공한 사람들은 왜 독서를 강조하는가? 그 이유는 책이 우리에게 통찰력과 전문성을 가지게 만든다는 것이다. 그중에서 독서가 주는 가장 큰 힘은 통찰력이다. 통찰력은 사물을 꿰뚫어 보는 능력을 말한다. 독서를 통해 책 속에서 다양한 천재들을 만나보고 그들의 삶을 들여다볼 수 있다. 또한 그들과 함께 질문하고 답을 찾아가는 대화를 할 수 있다. 그리고 의식이 확장되면서 세상을 보는 눈이 넓어지고 통찰력으로 이어진다.

주식 투자의 신 워런 버핏도 세상을 보는 통찰력은 수많은 독서에 의해 갖추게 된 능력이라고 했다. 그리고 독서는 전문가로서 자질과 능력을 함양시켜준다. 책은 각 분야에서 전문가들이 쓴 것이 많기 때문이다. 한 분야의 전문서적을 100권 이상 읽는다면 그 분야의 전문성을 어느 정도 갖추기 시작했다고 할 수 있다.

따라서 책 읽는 아이는 다양한 분야에서 지적으로 뛰어나고 자연과 사물을 보는 눈이 달라진다. 그리고 전문가로서 자질을 갖게 되어 장차 자신의 꿈을 이룰 가능성이 높다.

아이들은 모두 타고난 능력자다

아이들의 능력은 무한하다는 것을 자주 목격한다. 몇 년 전 작은 도시에 있는 초등학교 교장으로 근무하던 중 다이빙부를 창단했던 적이 있었다. 초등학교 1~2학년으로 조직된 다이빙부는 처음에 20명으로 출발하였다. 3개월 후 놀라운 변화가 일어난 것을 보았다. 코치의 호루라기 소리에 따라 아이들이 한 명씩 10m 계단을 올라가서 풍덩 풍덩 뛰어내렸다. 3개월 훈련 기간에 어떤 일이 있었는지 모르겠지만 아이들의 표정에는 공포라고는 전혀 찾아볼 수 없었다. 인간의 능력에 한계는 정말 없는 것인가? 아이들뿐만 아니라 인간의 능력은 선천적 능력에 더하여 수없이 반복되는 훈련과 연습만 한다면 원하는 곳에 도달할 수 있다는 것에 동의하게 되었다.

아이들의 능력은 어른들이 생각하는 것보다 뛰어나다. 독서력이 폭발적으로 성장하는 시기가 바로 초등학교 때다. 이 시기에 많은 책을 읽어 해독 능력을 갖추게 되면 어려운 책도 이해할 수 있는 때가 온다. 책을 읽으며 깊이 사색하고, 다양한 분야의 지적 탐구를 통해 넓은 사고 체계를 확립해 간다.

또 남들이 다 읽는 책만 읽는 사람은 절대로 남다른 생각을 할 수 없다. 위대한 천재들이 쓴 책을 통해 그들과 대화하는 독서가 필요하다. 자신의 뇌를 혁명적으로 변화시켜서 능력자가 되고 싶다면 남다른 독서를 해야 한다. 다른 사람들이 감히 읽을 엄두도 내지 못하는 책을 체계적으로 읽는 것은 우리의 두뇌가 오백 년, 천 년 묵은 지혜의 산삼을 지속적으로 맛보는 것과 같은 효과를 준다.

독서는 자신의 삶을 근본적으로 변화시키는 뇌 혁명을 일으키기 가장 좋은 방법이다.

5-4

독서 조기교육: 기다림의 독서 기술

미국 아동심리학계의 거장 데이빗 엘킨드 박사는 자신의 저서《기다리는 부모가 큰 아이를 만든다》에서 "부모들이 아이들에게 독서를 가르치는 연령이 점점 더 빨라지고 있다"고 언급하였다. 그리고 "부모의 조급함이 아이를 망친다. 기다리는 부모가 큰 아이를 만든다"고도 하였다.

아이들의 신체적·심리적 발달 단계에 맞는 교육을 시키는 것이 중요하다. 조급한 교육은 어른들의 욕심을 아이들에게 강요하는 것이다. 많은 부모들은 조기 영재교육, 외국어교육, 스포츠를 통해 아이들의 영재성을 찾게 해 주고 다른 아이보다 뛰어난 아이로 성장하기를 원한다. 아이들의 성장은 나이에 따른 일련의 발달 단계를 거친다. 신체와 뇌의 발달을 고려하여 아이들의 배움을 기다려주는 것이 필요하다. 아이들은 발달 속도가 조금씩 다르다. 이때 아이들을 무작정 빨리 성장하도록 압박하는 것은 정작 중요한 시기에 발현되는 능력들을 무시하는 일이 될 수 있다.

부모의 재촉은 아이들에게 스트레스를 준다. 스트레스는 아이들을 불안하게 만들고 몸에 좋지 않은 호르몬 분비를 촉진시킨다. 학업 무력증에 걸리거나 참을성이 없고 공격적인 성격이 될 수 있다. 아이의 먼 미래를 내다보고 지금 내 아이가 뒤떨어져 보여도 이를 참아낼 수 있는 부모의 용기와 결단이 필요하다. 전문가나 학교 교사와 자주 상담하는 것도 필요하다.

좋아하는 장르의 책으로 시작하자

아이들은 부모와 교사의 강요와 기대에 의해서 독서를 하게 되는 경우가 많다. 이런 아이들은 독서력 향상이 어려워진다. 책 읽는 것이 즐겁고 신나는 일이 아니기 때문이다. 아이들은 어려운 책을 만나면 금방 책을 덮는다. 이해하기 힘든 어휘가 나오기 때문이다. 이해가 되지 않으니 재미가 없고 금방 싫증을 느낀다. 그래서 수준에 맞는 쉬운 책이나 아이들이 좋아하는 장르의 책으로 시작해야 한다는 것이다.

요즘 학교 도서관에서 책을 빌려가는 아이들을 살펴보면 학습 만화를 많이 본다는 것을 알 수 있다. 아이들이 만화를 보면 어른들은 '만화는 유해한 책이다'라고 말하는 경우가 많다. 나는 초등학교 시절에 만화를 매일 보았다. 동네 골목마다 만화방이 있었다. 당시에는 몇십 원만 있으면 학교를 마치고 오후 시간 내내 만화방에서 마음껏 책을 볼 수 있었다. 신간 만화를 보기 위해 치열한 쟁탈전이 벌어지기도 했다. 그래서 친구들보다 먼저 가려고 서둘러 달려가곤 하였다. 나의 책 읽기는 여기서 시작되었다. 만화책을 보면서 감성을 키우고 스포츠와 영웅 만화를 통하여 자신의 미래를 꿈꾸기도 하였다.

일부 선정적이고 폭력적인 만화는 문제가 되기도 하지만 우리나라에서 가장 많이 팔린 책이 학습 만화라는 사실을 아는 사람은 많지 않을 것이다. 베스트셀러 중 베스트셀러의 책이 학습만화다. 10만 부만 팔려도 성공적이라는 출판업계에 2,000만 부 이상이 팔린 책은 바로 과학학습만화 'WHY' 시리즈이다. 그리고 1,000만 부 이상은 거의 학습만화들이 차지하고 있다. 아이들은 만화를 많이 보고 있다. 아이들이 만화책을 좋아하는 이유는 그림과 글자가 함께 있기 때문이다. 글자를 아직 잘 모르는 어린아이들은 그림만 보면서도 즐겁게 책을 보는 경우가 많다.

어린 시절 만화책에 빠져 있던 어느 날 친척집에서 글자로만 된 책들을 빌려온 적이 있었다. 〈로빈 후드의 모험〉, 〈백설 공주〉, 〈수호지〉, 〈삼국사기〉, 〈삼국지〉 등 그 책들을 읽으면서 미지의 신세계를 경험하게 되었고 책에 대한 욕심이 생겼다. 수십 년이 지났지만 아직도 기억이 생생할 만큼 감동적이었다. 기억과 학습은 감정과 연결되어 있기 때문에 감동적인 내용은 오래 기억된다. 이렇게 만화나 그림책이 아닌 글자로만 된 책을 보게 되면서 자주 무한 상상의 세계로 빠져들었던 것이다. 그리고 책을 좋아하는 아이가 되었다. 나에게 독서의 시작은 만화책이었다.

독서가 공부를 방해한다고? 독서력은 곧 학습력이다

배운다는 것은 책을 빼놓고 이야기할 수 없다. 공부를 잘하기 위해서는 책을 많이 읽어야 한다. 모든 공부는 이해를 바탕으로 시작된다. 이해력은 꾸준한 독서를 통하여 길러지는 인간의 중요한 능력이다. 교과서의 내용을 이해할 수 있다는 것은 공부를 잘하기 위한 준비가 된 것이다. 책을 좋아하고 많이 읽는 아이들은 수업시간에도 집중을 잘한다. 교과서의 내용을 이해하기 때문에 선생님과 함께 하는 교과 시간이 재미있게 되는 것이다.

공부의 목적은 지식을 넓혀나가는 과정 속에서 잠재된 능력을 찾고 창조적인 인간이 되려는 데 있다고 볼 수 있다. 그러나 현재 우리 교육은 폭넓은 사고를 통한 문제 해결보다는 정해진 정답을 맞히고 성적을 올리는 데 급급하다.[34)]

학년이 올라갈수록 교과 이외의 책을 읽는 시간은 점점 줄어든다. 고학년이 되고 중·고등학교로 진학할수록 학생들은 더 바빠진다. 하루 일과가 학교, 방과후 학교, 학원으로 이어지는 일정에 학생들은 여유를 찾기가 힘들다. 중학생이 되면 독서하는 시간은 급격하게 줄어든다. 이제 고등학교와 대학교 진학을 위한 준비 학습으로 바쁜 시간을 보내게 된다. 많은 시간을 교과 공부와 시험 준비로 보낸다. 이때 기초 학습이

34) 브레인미디어, 뇌를 읽고 책을 읽자, 브레인 Vol.9, 2010.12.23.

부족한 아이들은 많은 시간을 공부에 투자하지만 성과가 없다. 학교와 학원에서 빠르게 진행되는 학습을 이해하기가 힘들기 때문이다. 이러한 문제 해결은 독서에서 찾을 수 있다.

독서는 독해력뿐만 아니라 글쓰기나 수학의 기초 셈하기까지 모든 학습의 기초 능력을 길러준다. 즉, 읽기를 통해 습득되는 이해력과 어휘력, 추론, 분석 능력은 글쓰기와 수학문제 해결 능력까지 영향을 준다는 것이다. 수학문제도 결국 읽고 이해를 하여야 문제를 해결할 수 있기 때문이다. 또한 책을 많이 읽으면 스스로 학습하고 문제를 해결하는 자기주도적 학습 능력도 커진다. 이처럼 공부를 잘하려면 먼저 독서의 중요성을 깨닫고 매일 독서하는 습관을 지녀야 한다. 꾸준한 독서가 학습력으로 연결되기 때문이다.

5-5

아이를 바꾸는 읽기혁명 독서 기술

"최고 수준의 독서 방법은 신토피컬 리딩(syntopical reading)이다."

독서법의 고전이 된 모티머 J. 애들러의 《독서의 기술》에 나오는 말이다.

동일(syn) 주제(topical)에 대하여 여러 책을 읽고 비교와 대조를 통해 이해를 심화시키는 방법을 말한다. 즉, '주제별 통합 독서'를 말하는 것으로 하나의 관심 주제에 대해서 여러 권의 책을 찾아서 읽어 가는 방식이다. 애들러는 독서의 수준을 4단계로 나누었다. 초급 독서, 점검 독서, 분석 독서, 신토피컬 리딩 독서 순서로 성장한다고 하면서 '신토피컬 리딩' 독서 수준을 가장 높은 단계로 보았다.

독서력을 증강시키다: 신토피컬 리딩

아이들의 독서력이 향상되고 고학년이 되어 신토피컬 리딩에 도전하는 것은 책을 좀 더 공격적으로 읽는 방법이 된다. 책 읽기도 변화가 필요하다. 아이들은 새로운 학습에 도전하는 것과 이해하기 어렵거나 호기심을 불러일으키는 책을 선호한다. 가령 학교에서 아이들이 책을 읽을 때 여러 권의 책을 차례로 한 번씩 읽는 학생과 몇 권의 책을 반복해서 읽는 학생, 그리고 한 가지 주제의 책을 여러 권 읽는 학생이 있다고 하자. 한 번씩 읽는 방법은 다양한 교양을 쌓기에 좋은 독서법이다. 반복해 읽는 것은 아이들의 어휘력을 증강시켜 표현력이 좋아지고, 독해력도 높아지게 한다. 그리고 많은 지식과 정보들이 뇌의 장기기억장소로 저장될 가능성이 크기 때문에 풍부한 지식을 가진 사람으로 성장하게 된다.

그러면 가장 좋은 독서법은 무엇일까? 한 주제에 관해 여러 권을 읽는 것이다. 한 주제에 대해 많은 책을 찾아서 읽게 되면 자연스럽게 내용을 반복하고 확장하는 읽기가 된다.

예를 들어, 한 학생이 한국 역사를 공부하면서 조선시대 과거제도에 관련되는 책을 여러 권 읽었다면 그 학생은 어떻게 될까? 과거제도 역사에 대한 해박한 지식과 함께 비판적 사고를 가지고 역사적 사실을 분석하는 능력까지 갖추게 될 것이다. 그리고 각 책에서 흡수한 지식의 융합이 이루어져 역사를 보는 통찰력을 가지게 될 것이다. 이러한 책 읽기가 반복되면서 뇌에서는 상상할 수 없는 커넥톰의 재편성이 이루어진다. 이제 그 아이는 세상을 보는 눈이 높아지고 마음과 행동까지도 크게 성장할 것이다.

또한 아이들은 자신이 이해할 수 있는 수준을 초월하는 책을 읽을 때 독해력도 향상된다. 조금씩 더 어려운 책으로 도전하면서 읽으면 의식이 확장되고 마음도 자란다. 아이들의 뇌는 새로운 것에 도전하고 조금 높은 수준의 배움을 좋아한다. 더 많이 생각하고, 더 많이 고민하고, 더 어려운 문제를 만났을 때 뇌는 더 활성화되기 때문이다.

독서에도 골든 타임이 있다: 융합독서법

《13세 전에 완성하는 독서법》에서 저자 김미옥은 "13세 이전에 독서법은 완성되어야 한다"고 하면서 융합독서법을 제시하였다.

13세 이전에 아이의 독서법이 완성되기 때문에 초등학교 6학년 시기가 독서 습관을 지녀야 하는 골든 타임이라는 것이다. 이 시기는 아이들의 신체 및 정신적 발달이 왕성하게 일어나고 사춘기에 접어든다. 또한 아이의 사고력이 크게 성장하는 시기이다. 따라서 사고력을 향상시키는 데 결정적 영향을 끼치는 독서가 중요하다는 것이다.

아이의 언어발달과 인지·정서·사회성 발달, 그리고 학교 공부까지 모두 독서가 중요하다. 그러나 독서를 많이 한다고 학력이 쑥쑥 올라가는 것은 아니다. 공부와 관련된 독서가 되려면 읽고 싶은 책만 읽어서는 안 된다. 관심 분야와 함께 다른 영역의 책도 함께 읽는 것이 중요하다.

21세기 4차 산업혁명 시대를 창의·융합시대라고 한다. 이러한 시대에 살아갈 아이들이 가져야 할 역량 중에서 가장 중요한 것은 창의성과 융합적 사고방식이다. 지식이 폭발적으로 증가하고 삶이 급변하는 시대에 이런 능력을 키우기 위해서 책을 많이 읽는 것도 중요하지만, 주제별로 읽는 융합적 독서가 필요하다. '신토피컬 리딩'처럼 같은 주제로 쓰인 책을 여러 권 읽으면서 비판적 사고력과 주제를 통합하는 사고력을 기르는 것도 좋은 방법이다.

하지만 교실에서 아이들은 같은 주제에 대해 여러 권의 책을 읽어야 한다는 것이 부담될 수 있다. 그래서 우선 독서에 흥미를 느낄 수 있도록 교과와 관련된 쉬운 주제를 정하여 책을 읽고 이야기를 나누어 보는 방법으로 진행하면 좋다. 주제는 최근 아이들의 관심 분야에서 찾는 것도 좋은 방법이다. 아이들은 우리가 생각하는 것보다 뛰어난 능력을 갖추고 있다. 주제를 던져 놓기만 해도 아이들은 도서관으로 달려간다.

책을 많이 읽는 아이로 성장하기

최근 독서 관련 연구에 의하면 책을 많이 읽는 사람들의 공통점은 '부모가 매일 책을 읽어 주었다'는 것이다. 생후 6개월 정도부터 낮잠을 잘 때나 잠자리에서 부모가 매일 책을 읽어 주었다고 한다.

학교에서도 교사가 아이들에게 책을 읽어 주고 그 이야기에 대해 토의하는 활동을 하면 아이들이 스스로 책을 더 많이 읽는다. 또 책 읽는 모습을 보기만 해도 더 많이 읽는다고 한다. 이러한 독서는 아이들의 언어발달에 긍정적인 영향을 미칠 뿐만 아니라 독해력과 어휘력을 신장시키는 데 결정적인 역할을 한다.

EBS 〈최고의 교사〉 제작팀에서 만든 책에서 국어교사 박지은은 "언어영역은 지식을 테스트하는 것이 아니라 지문에 드러난 작가의 생각을 이해하는 능력을 테스트하는 시험이다. 공부를 따로 하지 않아도 책을 많이 읽는 학생들이 언어영역 점수가 높게 나오는 이유는 글을 읽는 능력이 좋기 때문이다. 학생들이 책을 많이 읽어서 세상을 좀 더 폭넓고 다양하게 바라보는 시각을 가졌으면 좋겠다"고 하였다. 학생들의 학력은 독서와 깊게 관련되어 있음을 시사해 주고 있으며, 책 읽는 학생은 사고력과 이해력 그리고 세상을 보는 눈까지 확장될 수 있음을 이야기하고 있다.

디지털 기반 문화에서 읽기 어디로 가나

"하루 34기가바이트의 무차별적인 정보로는 깊이 읽기도 깊은 사고도 증진할 수 없다. 사회 전체적으로는 어느 때보다 많이 읽고 있는 것 같지만 사실은 디지털 기반에 의해 촉진됐을 가능성이 있다. 디지털 기반의 읽기는 연속적·지속적·집중적인 읽기는 불가능하다. 이제 정보는 힘을 주는 도구도 해방의 도구도 아닌 일종의 기분전환을 위한 오락처럼 되었다."

《읽기 뇌》의 저자 메리언 울프가 디지털 기반 문화에서 읽기 뇌의 문제를 화두로 출간한《다시, 책으로》에 나오는 말이다.

디지털 기반 문화와 스크린 문화가 세상을 지배하는 시대가 되었다. 최근 조사에 의하면 한 사람이 다양한 기기를 통해 소비하는 정보의 양은 하루 평균 약 34기가바이트라고 한다. 아이들도 어른들도 디지털 기반의 기기를 통해서 정보를 받아들이고 스크린을 보면서 읽는다. 이에 교육전문가들은 세상의 많은 정보가 계속 피상적인 수준에서 일종의 오락으로만 지각될 수 있다는 우려를 하고 있다. 그렇게 되면 우리는 지식과 정보들의 표면에만 머무르게 되어 진정한 사고를 심화시키는 과정이 줄어들게 되고 오히려 방해받는다는 것이다.

이제 모든 삶이 디지털화된 문화 속에서 살게 된 현대인들은 스크린 문화에 기반한 읽기에 더 익숙하게 되었다. 아이들이 책을 통하여 깊이 읽기에 투입하는 시간은 점점 줄어들 가능성이 있다. 우리 아이들의 읽기 습관을 형성하는 뇌 회로와 깊이 읽기를 위한 뇌 회로 형성에 얼마나 많은 시간을 가지느냐가 우려되는 이유가 여기에 있다. 뇌 회로는 저절로 이루어지는 것이 아니기 때문이다. 뇌 구조의 재편성은 몇 년이 더 필요할지 알 수 없다.

이제 우리는 아이들이 깊이 읽기를 할 수 있는 풍토 조성에 관심을 가져야 한다. 최근 연구에서 종이책으로 읽은 학생들이 스크린으로 읽은 학생들보다 이야기의 줄거리를 시간순으로 재구성하는 능력에서 더 뛰어났다는 연구결과들이 나오고 있는 것은 다행스러운 일이다.

사실 21세기 시대에는 스크린 문화의 강점도 적극적으로 활용해야 한다. 시공간을 초월하여 정보를 빠르게 검색하여 취할 수 있다는 것은 현대인들을 사로잡기에 충분한 이유가 되기 때문이다. 코딩이나 알고리즘 시대에 이러한 문화를 기반으로 하는 학습도 무시할 수 없다. 다만 디지털 기반 문화를 통한 읽기와 깊이 읽기를 병행하여 아이들을 안내해 주는 지혜가 필요하다.

책은 인생이라는 험한 바다를 항해하는 데에 도움이 되도록
남들이 마련해 준 나침반이요, 망원경이요, 지도이다.

– 아널드 베넷 –

PART 6

God!
Teacher를 위한
독서 두뇌 혁명

6-1

독서로 천재가 된 교사들

“타고난 재능이라는 것만큼 터무니없는 말이 또 있을까!

타고난 재능이라곤 없었음에도 위대한 일을 이뤄낸 사람들이 얼마나 많은가.”

독일의 철학자 프리드리히 니체(Friedrich Nietzsche, 1844~1900)가 타고난 재능에 대해 한 말이다.

‘천재는 태어나는 것이 아니라 만들어지는 것이다.’

미국의 발달심리학자 에릭슨 교수는 70퍼센트의 노력과 29퍼센트의 좋은 교육환경, 나머지 1퍼센트의 영감이 천재를 만든다고 하였다.

천재적인 뇌는 부모의 적극적인 관리와 자신의 노력으로 만들 수 있다고 말하는 교육심리학자들이 있다. 현대 뇌과학은 뇌를 활용의 대상으로 만들었다. 우리가 적극적으로 활용하여 변화시킬 수 있는 대상이 된 것이다. 뇌과학자들은 뇌의 신경세포 연결망의 재편성에 따른 물리적인 변화의 결과가 바로 우리의 생각, 기억, 학습, 마음, 성격이라는 것과 몸과 마음이 뇌와 연결되어 있다는 것을 밝혀냈다. 즉 몸과 마음이 바뀌면 뇌가 바뀌고, 뇌가 바뀌면 몸과 마음도 바뀐다는 것이다.

뇌의 뉴런과 시냅스 연결 상태는 고정된 것이 아니다. 평생 유동적이다. 생각만 바꾸어도 뇌 구조는 변한다. 책을 읽으면 청각, 시각과 같은 감각기관과 기억을 담당하는 해마, 상상과 추론 등 고등정신을 담당하는 전두엽이 활성화된다. 반복하는 훈련과 연습을 하고 매일 독서하는 습관을 지니게 되었다는 것은 뇌의 구조도 물리적으로 변했다는 것을 의미한다. 학교에서도 뇌를 잘 활용하는 교사와 아이들이 천재적인 재능을 발휘할 가능성이 높다.

자신의 잠재력을 찾아서 뛰어난 교사가 된 사람들의 공통점은 책을 늘 가까이한다는 것이다. 교사는 아이들과 함께 하는 직업이다. 뇌가 아직 발달하는 과정에 있는 아이들은 심리적으로 불안정하고 판단이 서툴러 분쟁이 발생하기도 한다. 때론 충동적인 행동을 하거나, 학업과 진학에 대한 스트레스로 인해 심신이 피곤해지기도 한다. 극단적으로 삶을 포기하려고 하는 경우도 있다. 이러한 아이들을 보살피며 지도하고, 도와주고, 이끌어주는 사람이 바로 교사이다. 어쩌면 교사는 수업, 행동 발달심리, 상담, 마음 다스리기, 행정업무 등 여러 분야의 전문가이기도 하다. 그러나 탁월한 전문성을 가지기 위해서는 많은 교육 연구를 현장에 적용하면서 여러 시행착오를 거쳐야 한다. 더불어 교사들은 교육방법을 축적하고 교육기술을 배워 임상적으로 수업에 적용하면서 끊임없이 피드백하고 성찰하는 시간을 쌓아야 한다.

책 읽는 교사

《48분 기적의 독서법》에서 저자 김병완은 "인생을 바꾸기 원한다면 3년간 10,000권의 책에 미쳐라. 남들과 똑같은 삶을 살면서 성공을 바라는 것이 가당한 말인가? 세상에 공짜는 없다. 성공에는 법칙이 있다"고 말하였다.

《명품 인생을 만드는 10년 법칙》의 저자 공병호 박사는 "두뇌의 혁신은 10년 정도의 기간을 두고 일어나며, 이때 비로소 '2차 함수 인생'이 시작된다"고 말하였다.

즉, 어떤 분야에서 최고 수준의 성과와 성취에 도달하려면 최소 10년 동안 집중적인 노력과 훈련을 해야 한다. 또한 간절함과 절박함을 투철한 의지로 발현하는 삶을 살아야 가능하다는 것이다. 이렇게 정교한 노력이 반복되면 뇌의 커넥톰 연결망들도 끊임없이 재편성하게 된다. 그리고 뇌는 폭발적으로 변화한다.

공병호 박사가 언급한 이 법칙은 고흐, 다윈, 뉴턴, 아인슈타인과 같이 천재라 불리는 위대한 사람들의 업적과 그들의 삶을 통하여 공감할 수 있다. 인간에게 잠재된 능력이 있다는 것은 증명이 된다. 다양한 분야에서 짧은 기간에 탁월한 능력을 보이는 사람이 존재하기 때문이다. 그러나 태어날 때부터 천재성을 가지고 있다는 것은 증명하지 못하고 있다. 어느 분야에서 천재성을 보인다는 것은 유전적 요소보다는 수많은 지식과 경험을 축적하고 외부 지원과 혹독한 지도 그리고 끈기와 인내를 바탕으로 한 단련의 결과이다.

볼프강 아마데우스 모차르트(Wolfgang Amadeus Mozart, 1756~1791)는 5세 때부터 궁정의 바이올리니스트 겸 작곡가였던 아버지의 지도로 피아노를 연주하기 시작하였다. 어린 모차르트는 잠자리에 들기 직전까지 피아노 앞에 앉아 있었다고 한다. 아버지의 혹독한 지도와 뛰어난 집중력 그리고 음악에 대한 강렬한 애정이 더해지면서 학습 속도는 점점 더 빨라졌다. 결국 아버지의 탁월한 지도와 끈질긴 연습이 그의 천재성을 발현시킨 것이다. 지금도 그의 작품은 많은 사람에게 사랑받고 있으며 음악계의 거성으로 불리고 있다.

자신이 추구하는 목표에 도달하려면 실패라는 장벽을 넘지 않고서는 불가능하다. 장벽은 실패와 시행착오를 겪으면서 인내와 끈기를 가지고 몸과 마음을 단련하는 공부를 해야 넘을 수 있다. 그중에서 최고의 공부는 위대한 분들이 축적한 지식과 지혜가 담긴 책을 흡수하는 것이다. 따라서 교사도 최고의 전문성을 가진 탁월한 교사가 되려면 먼저 치열한 독서가 필요하다. 교사로서의 전문가적 자질은 경력이 쌓인다고 저절로 생기지 않는다. 항상 수업을 연구하고 책을 통해 위대한 선배 교육전문가를 만나야 한다. 그리고 자신을 성찰하고 임상적으로 교실 수업을 실천해야 한다. 아이들을 가르치고 함께 배우는 과정에서 교사도 성장한다. 탁월한 교사는 책 읽는 교사이다.

"아이들이 학교에 오는 이유는 무엇일까? 학교란 어떤 곳이어야 하는가? 나는 어떤 교사였는가? 수업전문가가 되는 방법은?"

스스로에게 자주 하는 질문이다. 지금도 진행형이다. 답을 찾기 위해 많은 책을 읽고 선진 나라의 학교와 학급을 방문하기도 하였다. 수많은 책을 보면서 사색과 고민을 하였다. 여러 수업전문가를 만났다. 명쾌한 답을 찾지도 못했고 전문가가 되지도 못했다. 다만 깨달은 것이 있다면 교사는 끊임없이 공부해야 한다는 것이다. 배우지 않고 가르칠 수 없기 때문이다.

교육자라고 교육학 관련 책만 읽는 것보다 다양한 분야의 책을 읽는 것이 좋다. 세상의 모든 학문은 서로 연결되어 있다. 교사는 무한 가능성을 가진 아이들을 가르치고 잠재력을 발현하도록 이끌어주는 사람이기 때문에 다방면의 지식을 익혀서 세상을 보는 안목을 키워야 한다. 독서는 뛰어난 교사, 탁월한 교사가 갖추어야 할 가장 중요한 덕목이다.

혁신가가 된 교사

현대 인문 경영학의 아버지 피터 퍼디낸드 드러커(Peter Ferdinand Drucker, 1909~2005)는 혁신을 "기존의 자원이 부(富)를 창출하도록 새로운 능력을 부여하는 활동"으로 정의하였다. 독특한 아이디어나 지적 재산, 발명품 등이 해당된다. 혁신은 기존의 아이디어에 새로운 기술들을 확장하거나 결합해서 개발한 것이다. 따라서 축적된 지식과 기술, 시행착오를 거친 노하우가 있어야 가능하다.

교육에도 새 이론을 정립하기 위해 기존의 이론에 축적된 경험과 지식을 총체적으로 융합하여 새로운 교육 아이디어를 만들어낼 수 있다. 교육 아이디어가 요구되는 이유는 아이들의 학습 효율성과 관련되기 때문이다.

"학습 효과를 극대화할 수 있는 교육 기술은 무엇인가?", "아이들은 어떨 때 배움이 잘 일어나는가?", "창의력을 높이는 학습방법은?" 등 교사들이 가지고 있는 탐구 주제들을 토대로 새로운 생각들을 공유하면서 교육연구는 계속되어야 한다.

교육혁신은 교사가 혁신적인 사고를 가지고 교육을 변화시켜 보겠다는 열정과 탐구욕이 있어야 가능하다. 혁신가가 된 교사는 본인은 물론 아이들에게도 뚜렷한 목표치를 제시한다. 높은 기대치를 달성하기 위해서 끊임없이 전문 서적을 읽고 배우며 치열한 삶을 살고 있다. 항상 배움을 게을리하지 않으며 열린 마음으로 수용하는 태도를 가지고 있다.

지금도 학교현장에는 혁신적인 사고방식으로 아이들과 함께 학교문화 개선을 실천하는 교사가 많이 있다. 그들의 공통점은 아이들의 변화에 관심이 많고 늘 책 읽는 습관을 지니고 있으며, 좋은 수업을 위한 연구에 매진하고 있다는 것이다. 아이들과 함께 만들어가는 교육과정을 실천하는 교사, 아이들이 가진 잠재력을 깨워주기 위해 아이들과 함께 그 분야를 연구하고 실행하면서 성장하고 있는 교사, 교육공동체를 만들어 끊임없이 아이들이 더 쉽고 재미있게 배울 수 있는 방법들을 연구하는 교사 등 수많은 교사가 지금도 끊임없이 노력하고 있다. 다만 교육시스템과 현장의 상황들이 그리 녹록지 않다는 것이 안타깝다.

6-2

벤저민 블룸의 대담한 상상

"모든 학생은 그들이 배우는 것을 완전히 학습할 수 있다."

미국의 교육심리학자 벤저민 블룸(Benjamin Bloom, 1913~1999)이 한 말이다.

전통적인 수업은 교사가 가르치는 것을 모든 학생이 완전히 이해하는 것을 목표로 두지 않았다. 아이들이 이해하는 정도나 평가 결과가 정상분포로 나타나는 것을 기대하였다. 즉, 평균치에 해당하는 학생들이 많이 분포하고 있는 결과가 나오면 정상이라고 생각한 것이다. 평균치로부터 멀어져 있는 학생들을 어찌할 것인가에 대한 대책이 미흡했던 시절이었다.

이에 블룸은 '적정의 수업조건만 갖추어진다면 모든 학생이 학습 내용을 100퍼센트 성취할 수 있다'는 대담한 상상을 하였다. 그 상상을 실현시켜 보겠다는 신념으로 연구에 매진하였다. 그리고 그는 완전학습

이론을 정립하였다. 직접 임상적으로 교육 실험도 하였다. 블룸의 궁극적인 생각은 학생들이 뒤처지거나 미숙한 상태가 되기 전에 교사와 학생의 피드백을 통해 완전학습을 이루고자 하였다.

그러나 학교라는 곳은 블룸의 생각처럼 움직이는 시스템이 아니었다.

“우리는 학습을 좋아하고 고도의 기술을 가진 수많은 사람을 필요로 한다. 그런데 대다수의 학생이 학습에 실패하게 되어 있는 교육체제에서 그런 사람들을 얻으려 하고 있다”고 말하면서 학교 혁신을 위한 연구를 계속 진행하였다.

뒤처지는 아이가 없는 수업

벤저민 블룸은 교실에서 뒤처지는 학생이 없는 수업을 상상하였다. 학급 학생이 모두 수업에 적극적으로 참여하고 학습 목표에 도달하는 완전학습을 생각한 것이다.

블룸이 교실을 관찰한 결과 학생들에 대한 교육기회가 상위권 학생에게 편중되는 것을 발견하였다. 수업시간 중 교사가 질문을 하자 상위권 학생과 하위권 학생이 손을 들었다. 이 경우 교사는 상위권 학생을 지명하는 경우가 많았다. 상위권 학생이 정답을 맞히면 교사는 예상대로라며 고개를 끄덕이고, 하위권 학생이 답을 잘못 말하면 당연한 듯이 여긴다. 학생들에게 교육기회의 평등이 주어져야 한다는 이야기는 전혀 새로운 이야기가 아니다. 하지만 당시 학교는 전혀 그렇지 않았다. 벤저민 블룸은 완전학습이론을 실제 학교수업에서 실현함으로써 뒤처지는 학습자의 결함을 극복하고자 하였다.

수업기술과 관련하여 다수의 책을 쓴 최고의 수업전문가 한형식 선생님을 수년 전부터 만나고 있다. 지금 아흔이 가까운 나이에도 불구하고 계속해서 강의를 하고 수업을 직접 시연해 보이기도 한다. 그분을 만나게 된 것은 책을 통해서였다. 그분의 책에는 수업현장의 생생한 장면들과 수업기술의 비법들이 수없이 많이 있었다. 그래서 직접 수업기술을 전수 받고 싶다는 생각으로 만나게 되었다. 그분이 주도하는 해외수업연수에도 동참하게 되었다. 국내 여러 교사와 일본의 학교를 방문하였다. 방문 학교의 하루 일과에 맞춰 움직이면서 매시간 수업을 참관하고, 수업 후에는 담당 교사와 협의회를 가졌다. 저녁시간에도 함께 모여 수업 나눔을 하고 선생님의 강의를 들었다.

한형식 선생님 말씀 중에서 나를 놀라게 하고 깊이 성찰하게 만든 말이 있었다.

"내가 수천 번의 수업을 보고 느낀 것이 있다. 선생님들은 받아들이지 않겠지만 학습부진아를 만드는 것은 선생님들이다"라고 하였다. 선생님들이 아이들을 바라볼 때 마음속으로 세 등분을 한다는 것이다. 1/3은 우수아, 1/3은 부진아, 나머지 1/3은 보통학생으로 본다는 것이다. 모든 교사가 그렇다는 것은 아니지만 나 자신을 성찰하게 한 말이었다. 나도 젊은 교사 시절 그런 편견과 선입관을 가지고 있었다. 전적으로 동의할 수는 없었지만 나 자신을 돌아보게 한 것은 분명하였다.

아이들을 바라보는 시각을 '그들의 가능성과 잠재능력은 무한하다'는 것에서 출발해야 한다는 것에 동의한다. 교사는 아이들의 잠재능력과 가능성을 과소평가해 버리거나 편견으로 보는 것을 가장 우선적으로 버려야 한다.

영국의 철학자 존 로크는 모든 사람이 지적인 면에서 '타불라 라사(Tabula rasa, 깨끗한 석판), 백지 상태로 태어난다'고 주장하였다. 로크는 아동발달의 유전론과 환경론의 논쟁에서 본다면 교육 환경론자이다. 뇌의 비밀을 아는 교사는 후천적 환경이 아이들 능력을 계발하고 뇌를 변화시킬 수 있다는 데 공감하고 있다.

탐욕적으로 책을 읽었던 블룸

어린 벤저민 블룸은 도서관 사서 선생님에게 자주 혼이 났다. 도서관에서 책을 대여했다가 몇 시간 만에 반납하고 또 다른 책을 대여했기 때문이었다. 사서 선생님은 블룸이 책을 읽지도 않고 빌리기만 하는 줄 알고 화가 났던 것이다.

블룸은 책을 탐욕적으로 읽었다. 블룸이 사망하고 난 뒤에 블룸의 아내가 한 말에 의하면 그러한 습관은 죽기 전까지 계속되었다고 하였다. 블룸의 대담한 상상은 엄청난 독서와 사색에서 나온 것이다. 그리고 책은 블룸을 변화시켰다. 책을 많이 본 사람은 상상력과 통찰력 그리고 세상을 보는 의식이 확장되어 생각하는 수준이 다르다. 물론 선배 교육학자들의 축적된 지식을 흡수하지 않았다면 그러한 상상도 불가능하였을 것이다. 특히 존 캐럴 교수의 이론적 가르침이 없었다면 블룸의 완전학습 이론도 없었을 것이다.

1963년 하버드의 존 캐럴 교수는 학생들의 학습 속도에 차이가 발생한다는 사실을 발견하였다. 학생마다 학습 내용을 이해하고 문제를 해결하는 데 걸리는 시간이 다르기 때문에 개별적으로 학습자에게 필요한 시간을 주면 누구나 목표에 도달할 수 있다는 것이다. 벤저민 블룸은 이 아이디어를 발전시켰다. 캐럴과 블룸의 대담한 생각은 진보적이고 혁명적인 생각이었다. 더 대단한 것은 블룸은 실험학교를 통하여 이를 증명해 보였다는 것이다.

블룸의 이러한 생각은 인간에 대한 사랑에서 출발하였다고 본다. 많은 독서를 한 사람은 지식이 풍부하기도 하지만 인품이 훌륭하고 품격이 있음을 알 수 있다. 깊이 있게 공부한 사람만이 가질 수 있는 고결한 품성을 느낄 수 있다. 블룸도 어릴 때부터 많은 책을 읽었기 때문에 아이들 모두가 함께 가는 길, 즉 교육의 기회를 균등하게 제공하여 모두가 함께 배우고 성장해 나가는 길을 생각하였을 것이다. 이것은 그가 인간애가 남다르고 특히 아이들을 위하는 마음이 남달랐다는 것을 보여준다.

독서가 정말 성공의 마법사인가?

1985년 블룸은 '뛰어난 업적을 남긴 과학자, 예술가, 운동선수 120명을 대상으로 그들의 삶을 연구한 결과 한 분야에서 최고가 되기 위해서는 10년 이상 노력해야 한다'는 사실을 발견하였다. 이 발견은 훗날 플로리다주립대학 심리학자 안데르스 에릭슨이 연구하여 발표한 '1만 시간의 법칙'의 단초가 되었다. 2008년 말콤 글래드웰이 자신의 저서 《아웃라이어》에 이 법칙을 언급하면서 대중의 관심을 받았다.

마법의 주문처럼 전파된 이 법칙은 성공의 진리로 받아들여졌지만 많은 조롱거리가 되기도 했다. '무조건 열심히 노력하면 된다'는 방식은 자칫 매일 근무시간을 초과하여 일하는 사람이나 한 가지 일에만 많은 시간을 투자하여 일하는 사람을 능력자로 평가하는 우를 범할 수 있다. 그리고 노력해도 성과를 거두지 못하면 '아무리 열심히 해도 타고난 재능을 가진 사람을 이길 수 없다'는 절망을 갖게 할 수도 있다. 무작정 열심히 노력만 한다고 자신의 목표를 이룰 수는 없다.

《1만 시간의 재발견》의 저자 안데르스 에릭슨은 '1만 시간의 법칙'의 핵심이 '얼마나 오래'가 아니라 '얼마나 올바른 방법'에 달려 있다고 강조한다. 시간보다 더 중요한 것은 방법과 질이다. 바로 '집중'과 '피드백', 그리고 '수정하기'로 요약되는 의식적인 연습을 말하고 있다. 기계적으로 반복하는 연습이 아닌 의식적인 연습이 바로 성공의 열쇠이다. 의식적인 연습은 명확하고 구체적인 목표가 있어야 한다. 그리고 피드백과

수정이 즉각적으로 이루어져야 한다. 우리가 혼자서 연습하거나 학습할 때 잘못된 방법으로 하고 있는 것을 깨닫지 못하여 시간만 낭비했던 적이 있을 것이다. 이때 탁월한 능력을 갖춘 스승을 만난다면 짧은 시간에 자신의 능력을 점프시킬 수 있을 것이다. 그러한 스승은 책에서도 많이 만날 수 있다.

수업전문가로서 탁월한 능력자가 되기를 원한다면 수업전문가라는 목표에 맞게 제대로 설계된 방법을 사용하여야 한다. 교사가 해야 할 독서의 방향도 마찬가지다. 우선 전문 서적을 탐독하면서 주변의 전문성을 지닌 교사들과 교육공동체를 만든다. 그리고 함께 책을 읽고 토론하며 서로 배우고 가르치는 관계를 형성하는 것도 좋은 방법이다. 나아가 교실 수업을 연구하고 수업을 임상적으로 접근하면서 자신의 능력을 쌓아 나간다면 수업전문가로서 탁월한 능력자가 되는 시간을 단축할 수 있을 것이다.

여기서 수업 임상이라는 것을 의사들이 전문 역량을 함양하는 과정과 비교해 볼 수 있다. 의사들은 전문적으로 역량을 함양하기 위해 책을 통한 공부뿐만 아니라 환자들을 직접 대면하고 데이터를 분석하면서 연구한다. 또한 수없이 많은 임상 치료를 통하여 경험과 기술을 축적한다. 교사도 이론적인 공부와 함께 자신의 수업과 주변 동료들의 수업을 함께 보며 성찰하고, 피드백하여 수업의 전문가로 성장해 나간다.

수업 속에서 학생들이 어떻게 배우는지를 살펴보고, 늘 수업 연구를 축적하여 전문적 역량을 길러나간다면 어느 순간 수업의 고수가 되어 있을 것이다.

천재성을 보이는 아이들도 부모가 특별한 능력자라서보다는 격려와 응원에 힘입어 포기하지 않고 연습했기 때문에 탁월함을 보이는 경우가 많다. 그리고 자기가 좋아하는 분야의 뛰어난 스승을 만나거나 친구들과 어울려 서로 배우고 가르치면서 더욱더 빠르게 성장한다.

이처럼 1만 시간의 법칙으로 어떤 분야에서 최고가 되려면 혹독한 훈련과 연습이 필요하다. 또한 세상에 대한 지적 호기심을 해결하고자 하는 탐구욕을 가지고 치열하게 파고드는 학문연구도 있어야 가능하다. 그리고 학습자가 큰 꿈을 가지고 성장하도록 옳은 방향을 잡아주는 '주변 사람들'이 있다면 더 빨리 꿈을 이룰 수 있을 것이다. 여기서 주변 사람이 바로 학교에서는 교사이다. 그래서 교사는 위대한 존재이다.

6-3

호모 에듀칸두스 (배워야 산다고 믿는 인간)

"인간은 교육을 통해서만 인간이 된다." 독일의 철학자 임마누엘 칸트(Immanuel Kant, 1724~1804)가 한 말이다. 또한 호모 에듀칸두스(Homo Educandus, 배워야 산다고 믿는 인간)는 "인간만이 교육을 통하여 인간이 된다"라는 뜻을 품고 있다. 모두 배움의 중요성과 교육의 가능성을 말하고 있다.

교육은 '백년지대계(百年之大計)'라고 하였다. '백년지대계'는 중국 전국시대 사상가 관중이 쓴 《관자》라는 책에서 유래한 고사성어이다. 관자편에서 '일 년 계획은 곡식을 심는 것 만한 것이 없고, 십 년 계획은 나무를 심는 것 만한 것이 없고, 백 년 계획은 사람을 키우는 것 만한 것이 없다'라고 하였다.

여기서 '백년지대계'는 사람을 키우는 것, 즉 인재양성을 강조하면서 나온 고사성어이다. 인재양성은 국가와 사회발전의 원동력이다. 이것은 교육으로 가능하다. 이처럼 국가의 힘은 교육의 영향이 크기 때문에 '백 년 앞을 내다보는 큰 계획'을 가지고, 교육정책 및 제도를 수립해야 한다는 것으로, 국가와 민족의 미래는 교육에 달려 있다는 것을 강조하고 있다.

교육을 서양에서는 'education'으로 쓰고 있다. 어원을 거슬러 살펴보면 '내부에 들어 있는 무엇을 끄집어내거나 이끌어 주는 일'을 의미한다. 동양에서 '敎育(교육)'은 '윗사람이 아랫사람에게 본받으라고 하는 것을 아랫사람이 본받게 해서 훌륭하게 자라게 한다'는 것을 내포하고 있다.

서양은 교육을 아이의 잠재능력과 소질을 계발하는 것으로 보고 있는 반면, 동양은 사람됨으로 성장하게 하는, 즉 배움 쪽에 더 관심을 두었다.[35] 동서양 모두 인간의 교육은 중요하고 그 가능성을 말하고 있다. 그 가능성을 뇌과학에서는 뇌의 가소성으로 말한다. 뇌는 변화할 준비가 되어 있고 구조적으로 재편성이 수시로 일어나기 때문이다.

교육에 대하여 《학교혁명》의 저자 켄 로빈슨은 "교육은 학생들의 학습을 돕는 것이다. 그것이 교사의 역할이다. 하지만 현대의 교육제도는 온갖 방해 요소들로 뒤죽박죽 엉켜 있다. 교육의 핵심은 학생과 교사의 관계이다. 다른 모든 것은 이 관계가 얼마나 생산적이고 성공적인가에 좌우된다"라고 말하였다.

사실 교육은 아이들의 능력을 극대화시켜 최고의 인재를 양성하는

35) 서명석, 《가르침과 배움 사이로》, 책인숲, 2012, pp. 43-44.

것이 목적이다. 강대국으로 가는 길은 교육에 달려 있다. 인재가 많은 나라가 경제적·군사적으로 강한 나라이다. 그래서 교육은 중요하다. 모든 아이의 뇌가 우수하게 발달하도록 온 국민이 나서야 한다. 아이들이 우수한 뇌를 가지도록 하려면 먼저 독서 강국이 되어야 한다. 독서 강국으로 가는 길이 곧 강대한 나라로 가는 지름길이다.

우리는 학생들에게 무엇을 가르쳐야 할까?

"한국 학생들은 지나치게 많이 배운다. 배움의 즐거움을 모른다. 배움은 남이 생각해 놓은 것을 암기하는 것이 아니고 내 스스로 생각할 기회를 가지게 해야 하는데 한국은 그런 부분에서 부족하다."

핀란드인과 결혼하고 자녀를 핀란드 학교에 보내고 있는 어느 한국 엄마의 말이다.

최근 미래학자나 교육전문가들은 학교 교육내용을 '4C', 즉 비판적 사고(critical thinking), 의사소통(communication), 협력(collaboration), 창의성(creativity) 교육으로 과감하게 전환해야 한다고 말한다. 이제 학교는 획일적인 교수학습 시스템과 일방적 수업시스템에서 벗어나 아이들에게 4C 함양을 위한 교육과 삶의 기술을 강조하는 교육을 해야 한다. 변화에 대처하고 새로운 것을 학습하되 협력하는 학습에 능통하며 창의적 사고력을 가진 사람을 육성하는 데 집중하여야 한다. 이러한 혁명적

시대에 교사는 끊임없이 연구하고 성찰하면서 자신을 재발견해 나가야 한다.

학교가 아이들의 상상력과 창의성을 높이는 공간이 되려면 어떻게 해야 할까?

아이들은 상상력이 풍부하고 배우는 것에 유연한 뇌를 갖추고 있다. 이러한 무한 잠재능력을 가지고 있는 아이들이 매일 가는 곳이 바로 학교이다. 학교는 주변 사람들과 협력하고 함께 호흡하며 살아갈 수 있는 지혜를 배우는 곳이 되어야 한다. 학교는 학생들과 교사들의 관계가 이루어지는 세대 간 소통의 공간이기도 하다. 또한 과거와 현재의 지식이 미래의 희망과 만나는 곳이기도 하다. 따라서 건축가들은 학교의 구성원과 학교 교육이 추구하는 이상과 존재 이유 그리고 문화적 만남의 소통이 공간적으로 구현되도록 학교를 설계해야 한다.

학교 공간의 혁명:
학교 건물의 변화가 시작되다

건축가 유현준은 감옥 같은 학교건물을 당장 바꿔야 한다고 말한다. 학교건물이 이제는 4층에서 1층으로 내려와야 하며 마당이 있는 교실을 만들어야 한다고 주장한다. 운동장은 소수의 운동 잘하는 아이들만 즐길 수 있는 장소라는 기존의 개념을 바꾸어야 하고, 교실도 책걸상이 모두 똑같은 모양으로 정렬된 곳이 아니라 아이들이 다양한 생각들을 펼칠 수 있는 문화 공간이 되도록 해야 한다고 말한다.

현실은 아이들이 초등학교에 입학하여 중학교, 고등학교까지 12년을 똑같은 환경에서 배우고 성장한다. 획일화된 환경에서 창의성을 기대하는 것은 어불성설이다. 지금의 학교 공간과 환경 그리고 교육 시스템은 창의성을 도리어 죽이고 있었는지도 모른다.

다행히 최근에 놀이중심 교실을 만들려는 시도가 일어나고 있다. 놀이를 하면서 재미있게 배우는 공간을 창출하자는 것이다. 그리고 상상력과 창의성을 키우는 공간과 아이들의 호기심을 불러오는 학습자료들이 있는 교실을 만들어 잠재능력을 발견하고 키워주고자 하는 교실 문화 개선 사업이 시작되었다.

우리 아이들이 학교에 다니는 시기가 바로 폭발적으로 뇌가 성장하는 시기이다. 현재의 학교라는 공간과 환경이 아이들의 뇌 발달에 어떤 영향을 끼칠까? 아이들이 생각하고 상상한 것을 구현할 수 있는 공간이 필요하다. 하향식 교육행정 시스템과 권력형 리더십이 남아 있는 학교 문화는 교육강국으로 갈 수 없다.

이제 학교는 지식이 폭발적으로 생산되고 기존의 경험과 노하우는 쓸모없어지는 급변의 사회에 대처하는 교육에 관심을 가져야 한다. 또한 학교는 지식을 흡수하는 뇌에서 더 나아가 독서를 통해 창의적인 뇌를 만드는 데 힘을 쏟아야 한다. 그것이 미래 강국으로 가는 초석이다.

교육에도 개념설계가 필요하다

'백지에 그림을 그릴 수 있어야 성공한다.'

'개념설계'라는 말은 서울대 이정동 교수가 쓴 《축적의 길》에 나오는 말이다. 개념설계라는 말은 교육계에서 사용하는 용어는 아니다. 개념설계란 '고부가치의 제품과 서비스를 창출하기 위해서 새로운 것을 만들어낼 수 있는 밑그림'을 말한다. 과제를 수행하기 전에 과제의 속성 자체를 새롭게 정의하고 창의적으로 해결 방안을 제시할 수 있는 능력이다.

선진국에서는 오랜 시간에 걸쳐 '개념설계' 능력을 축적해 왔다. 예를 들면, 독일은 이동수단으로 마차를 이용하던 때에 엔진을 장착한 자동차를 최초로 개념설계하였다. 지금은 AI(인공지능)가 탑재된 자율주행 자동차를 만들고 있다. 미래 이동수단의 주도권을 잡고자 한다면 새로운 개념설계의 자동차를 백지에 그려내야 한다.

우리나라는 지금까지 선진국이 보유한 경험과 지식을 사와서 쓰면 된다고 생각하였다. 즉, 모방-추격형이었다. 그런데 개념설계는 창의력과 관련된다. 창의력은 지식의 보고인 책과 더불어 각 분야에서 경험한 노하우와 기술을 축적하고 이론적 연구들을 융합하여야 가능한 능력이다. 이러한 능력을 바탕으로 수많은 실패와 시행착오를 거치게 되면 새로운 개념설계가 탄생할 가능성이 커진다. 이제 우리도 각 분야에서 개념설계가 나오도록 모방형에서 창조형으로 변화와 혁신이 필요하다.

학교에도 축적된 교육적 노하우가 요구된다. 새로운 교육방법과 교육기술을 무작정 수용하고 따라하기보다는 우리 학교와 우리 교실에 맞는 교육 진반에 대한 개념설계가 필요하다. 우리나라의 교육 역사를 토대로 교사 그리고 아이들의 특성에 맞는 교육 시스템과 교수·학습의 개념설계를 시작할 때가 되었다.

거꾸로 교실은 미국의 한 시골 학교에 있는 두 명의 교사가 스스로 학습하기 어려운 여건에 있는 학생들에게 자율학습과 협력학습으로 공부하도록 도움을 주고자 시작되었다. 교사는 다음 차시에 공부할 내용을 인터넷에 동영상으로 제작한 자료로 탑재하였다. 학생들은 자유로운 시간에 미리 영상자료를 보면서 학습내용을 확인하였다. 본 수업시간에는 학습내용 위주의 수업보다는 소집단으로 모여 토론을 하면서 자신의 의견을 나누는 협력학습을 하였다.

이러한 수업을 진행하면서 그 선생님은 자신의 아이디어를 인터넷에 공유하였다. 그런데 이미 다른 지역의 많은 교사도 유사한 학습형태를 나름의 방법으로 적용하고 있었다. 그리고 놀라운 일이 일어났다. 각지의 많은 교사가 서로 자신의 자료를 공유하면서 '거꾸로 교실'이라는 수업방법이 탄생하게 되었다. 흩어져 있던 교사들의 교육 기술과 방법들을 모으고 융합하여 새로운 개념설계가 이루어진 것이다.

이처럼 개념설계는 교사가 자신의 임무에 충실하고 아이들을 위한 수업연구에 관심이 있을 때 가능하다. 그런 교사들이 교육공동체를 구성한다면 많은 개념설계들이 쏟아져 나올 것이다.

새로운 교육방법을 창안하는 이러한 교육설계를 이제 우리도 해 보자. 아이디어는 책을 통한 지식의 축적과 오랜 현장 경험 그리고 다양한 수업 연구와 임상 실험 등 많은 시행착오가 쌓여야 얻을 수 있다. 교사들의 축적된 지식과 현장 경험은 우리 교육에 맞는 큰 그림을 그릴 수 있게 해 줄 것이다.

수업 고수가 돼라

"무언가 위대한 것을 이루려면 그 전에 자신의 교양을 높이 쌓아야 하는 법이고, 그 길을 가는데 가장 빠른 길이 바로 독서이다."

독일의 작가이자 과학자인 요한 볼프강 폰 괴테(Johann Wolfgang von Goethe, 1749~1832)가 한 말이다.

교사로서 탁월한 수업 전문가가 되는 것은 어렵고 힘든 과정이 필요하다. 먼저 수업에 대한 이론적 지식으로 무장되어야 한다. 그리고 수업 고수의 수업을 많이 보고 배우는 과정이 수반되어야 한다. 이때 위대한 스승을 만나는 것이 중요하다. 수업 고수가 된 교사를 멘토로 하여 배움을 나눈다면 더 빠르게 성장할 것이다.

반복하고 연습하면서 달인이 되는 것도 필요하지만 창의적이고 차별적인 그림을 그려내는 능력도 중요하다. 도전하고 배우면서 자기만의 노하우를 축적하는 고수가 되어야 한다. 교사가 먼저 능력자가 되도록 스스로 전략을 짜고 공부를 게을리하지 않아야 한다. 교사로서 고수는 교육이론과 실제 수업에서 뛰어난 능력을 갖춘 능력자를 말한다.

수업 고수가 되는 방법은 다음과 같다.

첫째, 다른 고수의 수업을 많이 보는 것이다. 고수의 수업은 아이들과 교사의 관계가 부드러운 수업, 아이들이 서로 협력하여 문제를 해결하는 수업, 자기 스스로 나름의 생각을 하게 만드는 수업, 서두르지 않는 수업, 뒤처지는 아이가 없는 수업, 감동이 있는 수업 등 여러 가지가 있다. 교사들은 수업을 보면서 자신을 돌아보고 성찰하게 된다. 그리고 끊임없이 수업을 연구하고 늘 아이들과 함께 성장하고자 한다.

둘째, 수업 고수의 수업을 모방해 본다. 고수의 수업을 그대로 따라 해 보고 고수와 상담 활동을 하는 것은 자신을 성장시키는 최고의 방법이 될 수 있다. 자신의 수업을 촬영하여 동료 교사와 함께 나눔 활동을 하거나 다시 보기를 통하여 스스로 성찰해 보는 시간도 좋은 방법이다. 이러한 활동은 동료들과 같이 교육공동체를 만들어 운영하면 일취월장하는 자신을 발견하게 될 것이다. 이렇게 3년을 치열하게 보낸 교사가 당당히 멘토 교사로 활동하는 것을 많이 보았다.

셋째, 책을 통하여 공부하는 것이다. 좋은 책을 만나는 것은 내 성장을 점프하게 해 줄 수 있다.

나에게 일본의 학교 수업 연수 기회를 준 것은 책이었다. 배움의 공동체 관련 책을 모두 읽고 사토 마나부 교수를 일본에서 만났다. 그리고 함께 수업을 관찰하는 시간도 가질 수 있었다.

또 수업기술 관련 책을 모두 읽고 저자인 한형식 선생님을 만나게 되었다. 수업 기술을 전문적으로 연구하는 교사들이 있는 스쿠바대학 부속초등학교를 함께 방문하여 많은 수업을 보고 협의도 하였다. 전문적인 수업기술에 대한 지식과 정보를 얻게 되어 후배 교사들에게 도움을 줄 수 있는 계기를 가지게 되었다. 이렇게 책은 나의 생각을 바뀌게 했고 삶도 바꾸어 놓았다.

6-4

인문고전은 어떻게 교사를 성장시키나

'읽지 않아도 되는 책'

'꼭 읽어야 할 책'

'목숨을 걸고 읽어야 할 책'

《인간의 위대한 질문》의 저자 배철현 교수는 세상에 존재하는 책을 세 가지로 나누어 말했다.

첫째, 읽지 않아도 되는 책이다. 잠깐 유행처럼 왔다가 가는 책, 정독보다는 훑어보는 정도로 읽는 책, 독서력이 고수인 사람은 몇 분 만에 볼 수 있는 책을 말한다.

둘째, 꼭 읽어야 할 책이다. 인문고전을 말한다. 시·공간을 넘어 모든 사람이 반드시 꼭 읽어야 하는 책이다. 인간에게 자양분이 되는 책으로 인류에게 유산으로 남길 만한 책이다. 교양인이 되는 길은 바로 고전 읽기에 있다. 어느 분야에서 전문성을 가진 사람들은 책을 가장 좋은 안내자로 여긴다. 각 분야에 전문가가 되기 전에 먼저 교양인이 되어야 한다. 교양인은 인간을 이해하면서 다른 사람과의 관계를 형성하고 협력하며 소통할 수 있는 자질을 가지고 있기 때문이다. 동·서양 고전을 읽어야 하는 이유가 바로 여기에 있다.

초등학생도 인문고전 읽기가 중요하다. 초등학교 고학년이 되면 인문고전을 읽을 수 있는 독서력을 가지게 된다. 독서 전문가로 활동하는 어느 교사는 "학교에서 교사와 함께 꾸준하게 인문고전을 읽은 아이들의 변화는 놀라웠다. 아이들의 품성이 좋아지고 친구를 이해하는 마음이 깊어졌다. 무엇보다 큰 변화는 아이들에게 생각하는 힘이 생겼다"고 말했을 정도이다.

셋째, 목숨을 걸고 읽어야 할 책이다. 그것은 바로 경전을 말한다. 고전 중에 《성서》와 같은 경전이 있다. 경전은 자신의 삶을 근본적으로 변화시키는 책으로 세상에 질문을 던지게 만든다.

고전 읽기 그리고 뇌

영국 리버풀대학의 심리학자들은 원문 인문고전이 현대어로 해석한 개정판보다 뇌를 더 자극하여 활성화시킨다는 연구 결과를 발표하였다. 연구팀은 셰익스피어와 윌리엄 워즈워드, TS 엘리엇 등 고전 작가의 원본 작품과 현대어로 바꾸어 놓은 개정판을 실험참가자 30명에게 읽게 하였다. 작품을 읽는 동안 뇌에서 일어나는 변화는 자기공명영상(MRI)으로 촬영하여 관찰하였다.

해석판보다 인문고전 원문은 문장 구조가 복잡하고 고어가 있기 때문에 읽으려면 뇌를 더 많이 활용하게 된다. 그 결과 인문고전 원본을 읽을 때 뇌가 더 활성화되었다. 또한 고전 시를 읽는 동안에는 우뇌가 활성화되었다.

리버풀대학 자기공명센터의 필립 데이비스 교수는 "고전 작품과 고전 시를 읽으면 뇌가 활성화되면서 생각하는 뇌, 창의적인 뇌로 성장하는 데 도움이 된다"고 하였다.[36)]

우리가 고전을 읽을 때 원문으로 읽기는 힘들다. 자칫 책을 덮고 더 이상 읽기를 포기하게 만들지도 모른다. 아이들도 고전을 원문으로 읽을 수 있다고 말하는 독서 전문가들도 있지만 초보 독서가는 서양 고전의 난해한 문장과 동양 고전의 한자를 읽기가 힘들다. 그래서 처음 고전 읽기를 시작할 때는 독서 전문가들이 추천하는 해석집을 읽는 것으로 출발하는 것이 좋다.

나는 《논어》를 처음 읽을 때 간단한 해석집을 먼저 읽었다. 힘들지만 끝까지 읽었다는 것에 만족하였다. 그리고 논어 강좌를 영상으로 여러 번 보았다. 그리고 원문과 해석이 딸린 책을 읽었다.

고전은 읽을 때마다 배우고 느끼는 것이 다르다. 여러 번 읽어야 할 책이다. 항상 곁에 두어야 할 책인 것은 분명하다. 고전은 수천 년이 지

---

36) The Science Times, 고전작품이 뇌를 활성화시켜, 2013.03.03.

났지만 여전히 위대한 책으로 사랑받고 있다. 위대한 현자들이 주는 삶의 지혜와 통찰력을 간직한 책이기 때문에 현재의 삶에도 그대로 적용이 되고 미래의 삶을 예측할 수 있는 지혜를 가지게 해 준다.

고전은 어렵다?

인문고전은 읽기가 너무 어려워서 쉽게 포기하는 경우가 많다. 독서 초보 시절에는 사서(四書; 논어, 맹자, 대학, 중용)나 「소크라테스의 변명」 같은 동·서양의 고전을 읽을 때 누구나 이해하기 힘들다. 처음 보는 한자와 어려운 어휘들 때문에 매번 사전을 보려다가도 귀찮아서 책 읽는 것을 포기할까 많이 망설인 경험들을 가지고 있을 것이다. 그러나 고통을 이겨내고 점차 독서량을 늘려가면서 내공이 쌓여 어려웠던 책들이 술술 읽히게 되면 자신의 뇌에 큰 변화가 있음을 감지하게 된다. 책을 읽다가 잠시 모든 것이 멈추어지고 책장을 넘길 수 없을 때가 종종 있다. 즉, 무언가 큰 힘을 가지게 됨을 느낄 수 있다. 어떻게 이런 말을 2,500년 전의 사람이 할 수 있었을까? 위대한 스승을 드디어 만났구나!

나는 읽던 책을 그대로 두고 책 주변을 맴돌면서 그때의 현자들이 대화하는 장면과 상황을 상상하며 그 마음을 되새겨 보고자 했던 적이 많았다. 법정 스님도 "좋은 책은 책장을 자주 덮게 만드는 책이다"라고 했다. 큰 감동과 깨달음을 주는 책을 말한다. 이것이 바로 고전의 힘이다.

고전은 공자, 노자, 묵자, 소크라테스, 플라톤의 책과 같이 많은 세월이 지나도 꾸준하게 독자들에게 사랑받고 있는 책을 말한다. 고전은 인류 지혜의 보고이고 변치 않는 진리를 담고 있다. 그리고 더 중요한 것은 위대한 스승을 고전에서 만날 수 있다는 것이다. 스티브 잡스는 '소크라테스와 반나절만 같이 있을 수 있다면 애플의 기술을 내놓겠다'고 했다. 왜 그랬을까? 바로 현자와의 만남. 위대한 스승과의 만남이 그 만한 가치가 있기 때문이다.

고전에서 위대한 스승을 만나다

'학이시습지(學以時習之)하면 불역열호아(不易悅乎也)라.'

《논어(論語)》의 「학이(學而)」편 처음에 나오는 말이다. '배우고 때때로 익히니 기쁘지 아니한가'하고 공자는 이미 2,500년 전에 배움의 즐거움에 대해 말했다. 배움은 독서와 몸과 마음을 단련하는 공부를 통하여 스스로 터득할 수 있지만 위대한 스승을 만난다면 더 빠르게 점프할 수 있다.

우리는 다양한 분야의 전문서적과 고전을 통하여 지식과 정보를 입력하고 지혜와 통찰력을 가지게 된다. 더 나아가 의식의 확장을 통하여 위대한 현자가 되는 사람도 있다. 더 큰 배움을 위해서는 위대한 스승을 만나는 것도 좋은 방법이다. 그러나 위대한 스승을 찾아서 만나기는 현실적으로 불가능하다. 설사 찾았다고 해도 나의 스승이 되어서 가르침을 주지는 않는다. 위대한 스승의 기준도 모호하다.

가장 쉽게 위대한 스승을 만날 수 있는 곳이 있다. 바로 책이다. 위대한 스승은 책 속에 살아 있다. 책을 통하여 위대한 스승을 시·공간을 초월해서 언제든지 만날 수 있다.

책을 통해 레오나르도 다 빈치를 만나게 되면 다른 사람이 생각하지 못하는 것을 어떻게 생각해 내고 만들 수 있었는지, 다방면의 천재적인 소질을 어떻게 가질 수 있었는지를 알게 되고, 작품을 그리는 모습에서 그의 위대함에 대하여 알아가게 된다. 반 고흐를 만나서 그의 아픔과 작품의 세계를 함께 느낄 수 있으며, 다윈을 만나면 자신의 혁명적인 생각을 세상에 발표하기가 두렵진 않았는지 질문해 볼 수 있다. 책은 이러한 질문들에 답을 해 준다. 또한 동양의 위대한 철학자 공자와 노자, 순자, 맹자, 묵자를 만나면서 삶이 변화되고 의식이 확장되어 세상을 보는 눈이 달라짐을 느낄 수 있다. 이처럼 위대한 스승은 고전 읽기를 통해서 만날 수 있다. 위대한 스승을 만나고 참된 삶을 살게 해 주는 비밀의 열쇠는 바로 책 속에 있다.

위대한 영웅들도 고전 작품을 즐겼다

과거 위대한 천재로 알려진 사람들도 고전 작품을 즐겨 읽은 것으로 알려졌다. 고전이란 글자 그대로 오래된 책이라는 말이지만 인류에 지대한 영향을 준 책을 일컫는다. 짧게는 수백 년에서 길게는 수천 년 이상의 역사가 검증한 책으로 오랜 시간이 지나도 인간에게 깊은 감명과 가르침을 준다.

역사상 전쟁 영웅으로 알려진 나폴레옹은 전쟁터에 나설 때도 '책 마차'와 함께 하였다고 한다. 이집트 원정 때는 책 1,000권과 수백 명의 사서, 고고학자들까지 포함되었다. 훗날 세인트헬레나 섬에 유배되었을 때 그의 재산목록에는 8,000권의 장서가 있었다. 독서광이라 하지 않을 수 없다.

영국인이 가장 존경하는 정치가 윈스턴 처칠은 "어떤 책이든 사서 서가에 꽂아두는 것만으로도 훌륭한 독서"라고 하였다. 그는《로마제국 쇠망사》를 평생 즐겨 읽었다고 한다. 사실 처칠은 고등학교를 졸업할 때 성적이 꼴찌였고 공부와는 거리가 먼 학생이었다. 그러나 그는 늘 책과 함께하였다. 그가 아홉 살 때 아버지가 선물한《보물섬》이라는 책은 인생의 보물섬이 되었다. 수많은 위인전과 문학, 철학, 과학, 경제로 독서의 범위를 넓히고 위대한 고전을 접하면서 처칠의 삶은 바뀌었다. 마침내 세계적인 지도자로 이름을 알리게 된 것이다. 이처럼 처칠의 리더십과 정치가로서 자질은 고전 독서에서 길러졌다고 해도 과언이 아니다.

역사상 최고의 정복자 알렉산더 대왕은 십대 시절부터 최고의 무인이 되기 위해 혹독한 훈련과 연습에 몰두하였다. 이때 아버지 마케도니아의 왕 필리포스 2세는 13세 아들의 스승으로 당대의 위대한 철학자 아리스토텔레스를 택했다. 아리스토텔레스는 폭넓은 지식과 경험을 갖춘 최고의 스승이었다. 그는 알렉산더에게 고전 읽기를 통하여 다양한 종류의 지식들을 연결 지어 생각하는 방법을 가르쳤다. 이러한 교육은 알렉산더에게 학문에 대한 애정과 지적 호기심을 심어주었고, 사고하고 추론하는 능력을 길러 주었다. 이러한 능력을 훗날 전쟁과 정치에서 효과적으로 활용하였다.

알렉산더는 정복의 험난한 여정 속에서도 무기와 호메로스의 〈일리아드〉를 늘 곁에 두었다고 한다. 그는 미지의 땅 인도와 이집트까지 진출하여 가는 곳마다 독창적인 문화를 정착시켜 나갔다. 이러한 능력을 갖추게 된 것은 스승인 아리스토텔레스에게서 배운 도덕관과 정치관뿐만 아니라 온갖 분야의 지적 호기심을 해결하기 위하여 책에서 스승을 찾았기 때문이다. 책 속의 위대한 스승은 알렉산더의 사고하는 방식을 끊임없이 진화시켜 주었다.

야마구치 슈는 저서 《쇠퇴하는 아저씨 사회의 처방전》에서 말하고 있다. "나이가 들기 때문에 늙는 것이 아니다. '아저씨'란 호기심을 잃고 경허함도 잃고 새로운 것에 놀라며 계속 배우겠다는 자세마저 잃어버린 사람을 말하는 것이다."

교사는 늘 깨어 있어야 한다. 새로운 배움에 마음이 열려 있어야 한다. 빠르게 변화하는 세계에 대한 이해와 그런 세상에 살게 될 아이들이 가져야 할 역량에 대해서도 깊이 있는 공부가 필요하다. 책은 교사가 필요로 하는 것들을 해결해 준다. 책 속에 답이 있다.

6-5

미래학자들이 말하는 복합사고력 개발법

"2050년대 세상은 어떠한 모습일까? 우리 자녀 세대가 40대가 되었을 때 그들이 학교에서 배운 내용 중 80~90%는 쓸모없을 확률이 높다."

최근 미래학자들이 자주 하는 말이다.

미래 교육의 방향

미래 세대는 일생동안 3개 이상의 영역에서, 5개 이상의 직업을 갖고, 19개 이상의 서로 다른 직무를 경험하게 될 것이라고 한다. 미래학자들은 단 한 개의 직업으로 평생 살 수 있는 시대는 끝나간다고 말하고 있다.

이제 학교는 수용적 학습자가 존재하는 곳에서 생각하는 힘을 키우는 교육을 하여 비판적이고 창의적인 사고력을 가지게 하는 곳으로 거듭나야 한다.

교육의 목표가 당장 써먹을 수 있는 기술을 습득하거나 지식을 쌓는 것에서 스스로 생각하고 인생을 주도적으로 살아갈 수 있게 자생력을 길러주는 것으로 변해야 한다.

미래사회는 인공지능(AI)과 과학 기술이 크게 발전하여 학교 교육도 더 빠르게 변화하게 될 것이다. 개별 맞춤형 학습이 다양하게 적용되어 가상현실과 증강현실을 활용한 학습이 일상화가 될 것이다. 그리고 뇌과학의 연구 결과를 바탕으로 뇌의 기능을 알고 스스로 뇌를 활용하여 창의력과 통찰력을 가지게 된 사람이 리더로 살아갈 것이다.

또한 미래사회, 즉 21세기는 협력과 독특한 아이디어를 발상하는 창의성, 문제 해결 능력, 자연친화력과 같은 다양한 역량을 갖춘 인재가 요구된다. 따라서 평생 학습하는 사회로 독학이 중요한 시대가 열리게 될 것이다. 학교를 떠나도 공부가 필요한 시대, 스스로 필요한 공부를 찾아서 해야 하는 독학의 시대가 되고 있다. 그리고 사이버 학습 시대가 급격하게 밀려오고 있다.

"미래는 이미 우리 곁에 와 있다. 다만 골고루 퍼지지 않았을 뿐이다."

소설 《뉴로맨스》의 저자 윌리엄 깁슨(William Gibson)의 말이다.

미래란 현재와 무관하다고 착각하지만 미래는 언제나 과거와 현재에 뿌리를 두고 있다. 따라서 미래 교육에 성공하기 위해서는 과거 교육으로부터 교훈을 얻고 현재 교육, 현재 학교가 안고 있는 문제를 잘 해결하는 것에서 출발해야 한다. 탈학교에 대비하여 학교의 기능도 달라져야 한다.

빅데이터와 알고리즘이 지배하는 시대

"미래에는 세상을 지배하는 기준이 알고리즘이다."

지금까지 세상을 지배하는 논리는 '더 많이 가진 자와 그렇지 못한 자'였다. 경제력과 군사력이 기준이었다. 즉, 힘의 논리가 지배를 정당화하는 기준이었다. 하지만 미래사회가 다가오면서 빅 데이터와 알고리즘이 지배하는 시대가 열리고 있다.

그러나 인공지능을 가진 로봇이 작동하는 원리는 결국 인간이 설계한 것이고 수정도 인간이 해야 한다. 이러한 설계에서 알고리즘이 중요하다. 인간만이 할 수 있었던 가치관 문제, 윤리·도덕적 문제까지 고려하여 알고리즘을 생각해야 하는 시대가 된 것이다. 어쩌면 인간이 만든 알고리즘이 인간을 평가하면서 속이고 위험에 빠트릴 수도 있다.

이원태 정보통신정책연구원(KISDI) 연구위원은 "알고리즘을 구축하는 단계에서 개발자의 성향과 판단, 사회적 풍토, 외적인 압력이 개입되기 때문에 알고리즘은 편향적일 수밖에 없다"고 지적하였다. 미국 법원에서 판사가 피고인의 재범률을 추정하는 알고리즘을 참조하여 형량을 선고하거나 가석방 허용 여부를 결정하기 시작했다고 한다.[37] 여기에 빅데이터를 활용한 알고리즘이 판결을 결정하게 된 것이다. 또 알고리즘은 윤리적 문제와도 부딪힌다. 예를 들어, 무인자동차와 관련하여 언급되는 "전차의 딜레마"다. 멈출 수 없는 전차를 운전하고 있을 때, 철로 위에 몸이 불편한 노인이 넘어져 있다. 이 노인을 살리기 위해 전차를 탈선시켜야 할까? 아니면 어쩔 수 없이 노인을 치고 지나가 전차 승객들을 살려야 할까? 무인자동차를 움직이는 알고리즘 설계는 인간이 하는데, 이때 설계자는 무인자동차가 어떻게 판단하도록 알고리즘을 작성할 것인가? 정말 어려운 문제이다.

그래도 결국 미래사회는 인공지능을 가진 로봇들이 밀려올 것이다. 사물인터넷과 실시간 언어 번역 시스템 등 모든 생활이 인공지능을 가진 로봇들로 움직이는 세상이다. 소설도 인공지능 로봇이 빅데이터를 이용하여 장르, 주제, 등장인물, 시대적 배경 등을 입력하면 맞춤형으로 만들어 줄 것이다. 이러한 작동 원리는 인간이 명령하는 알고리즘에 의한 것이다. 물론 학습하는 인공지능을 구현하는 알고리즘도 있지만 인간이 만드는 알고리즘에 따라 움직이는 것은 부인할 수 없다.

따라서 미래를 대비하여 학교 교육이 가야 할 길은 알고리즘이 지배하는 시대에 대비하는 교육이다. 즉, 초등학교부터 알고리즘 교육이 시작되어야 한다. 알고리즘은 수학적 논리성이 중요하지만 창의적인 뇌

37) 하대청, [열린세상] 인공지능의 알고리즘에 의사 결정을 맡기기 전에, 서울신문, 2019.02.21.

를 가진 사람이 유리하다. 다른 사람이 생각하지 못하는 알고리즘을 가지고 개념설계를 알고리즘화할 수 있다면 세상을 지배하는 것은 시간 문제이다. 또한 윤리적·도덕적 판단 능력을 갖추려면 알고리즘 교육과 함께 인문고전과 같은 독서를 많이 하여 인간의 보편적 삶에 대한 철학적 사고력을 가지고 있어야 한다. 그리고 많은 독서를 통하여 의식을 확장시키고 나름의 기발한 생각을 할 수 있는 창의성을 가지게 하는 독서교육이 필요하다.

지식의 빅뱅 시대: 교육의 미래와 독서

"미래학자 버크민스트 풀러는 '지식 두 배 증가 곡선'을 발표하면서 인류가 가진 지식의 총량이 비약적으로 늘어나리라 예측하였다. 인류의 지식 총량은 100년마다 두 배씩 증가하던 것이 1900년대부터는 25년으로, 현재는 13개월로 그 주기가 단축되었고, 2030년이 되면 지식 총량은 3일마다 두 배씩 늘어나게 된다. 지식의 빅뱅이 일어나고 있다." KBS 제작팀의 《명견만리》에 나오는 말이다.

또한 '교육의 미래'라는 TV 프로그램에서 이화여자대학교 최재천 교수와 서울대학교 이혜정 교수는 "학교에서 선생님들은 세상의 많은 지식과 정보를 아이들에게 주려고 하는 열의가 넘친다. 그러나 교육의 효과는 '외웠던 것을 다 잊어버리고 남는 그 무엇일 뿐이다' 그 무엇은 학습자의 몸에 체화된 능력이다. 사고, 협동, 소통하는 능력이다"라고 말하였다.

지식은 새로운 발견의 연속선상에 있다. 발견하는 과정은 시행착오를 통해 기존의 지식을 새롭게 재해석하고 정교화하여 새로운 지식을 창출한다. 이제는 교사가 가르치는 시대는 끝났다. 학생들 스스로 배움이 일어나도록 이끌어줄 뿐이다. 수용적이고 수동적인 학습자에서 비판적이고 창의적인 학습자가 되는 수업이 필요하다. 이러한 교실의 변화는 교사의 변화가 선행되어야 가능하다.

지금까지 교실은 교사가 학생들에게 많은 것을 주려고 욕심을 내었다. 많은 지식과 정보를 주려고 하니 교사 주도의 수업이 될 수밖에 없었다. 이때 학생들은 수용적인 학습자로 전락하고 말았다. 이제는 사고력을 신장하고 협력하여 문제를 해결하는 능력을 배양하는 수업으로 바뀌고 있다. 탁월한 학습자는 능동적인 배움 중심의 수업에서 탄생된다.

고전 읽기를 강조하고 있는 미국의 세인트 존스 대학은 전교생이 400명으로 작은 대학이다. 대학 4년 내내 100권의 인문고전을 읽는다. 철학, 수학, 과학, 역사 등 다양한 분야의 고전을 읽고 토론하는 것이 교육 과정의 전부이다. 뚜렷한 전공과목이 없어도 졸업생들 중에는 사회의 다양한 분야에서 두각을 나타내는 인재들이 많다. 학년이 올라갈수록 어려운 고전을 읽는다. 수업은 책을 읽고 에세이를 써서 교실에서 토론하는 것이 전부이다. 하지만 토론에 참여하기 위해서는 책을 읽지 않으면 안 된다. 그리고 자기 나름대로 비판적인 사고를 해야 토론에 참여할 수 있다. 수학 수업도 학생들의 토론으로 시작하여 토론으로 끝난다.

책을 보고 준비하지 않으면 참여하기 힘든 수업이다. 수동적인 학생은 견디기 어려운 교실이다. 여기서는 모든 학생이 수업의 주체이고, 능동적이고 비판적으로 자기 생각을 말한다. 학교 교육의 목적 중에서 가장 중요한 것은 '생각하는 힘', 즉 사고력을 키워주는 것이다.

이러한 사고 활동은 우리 뇌에서 뉴런을 재연결하고 시냅스를 재배선한다. 누구에게나 힘든 일이다. 다만 끊임없이 배우면서 자신을 계속 쇄신하려는 의지와 노력이 뇌를 변화시킬 것이다.

교육은 우리가 희망하는 미래 세상을 꿈꾸게 만든다. 우리 교육은 강대한 나라의 초석이 될 뛰어난 인재가 나오기를 간절히 기대하는 시대적 요청을 받고 있다. 아이들에게 내재된 재능에 걸맞은 새로운 스타일의 교육으로 거듭나야 한다. 우리는 세계 최고의 교육열과 최고의 두뇌를 가진 인적 및 기술적 자원을 가지고 있다.

PART 7

위대한 부모를 위한 독서 두뇌 혁명

7-1

평생 독서 시간 10개월 뛰어넘기

"평생 책 읽는 시간 10개월"

《어떻게 읽을 것인가》의 저자 고영성은 "우리가 평생 책 읽는 시간은 10개월이다. 그에 비해 스마트폰과 텔레비전을 보는 시간은 10배에 가까울 정도로 많다"고 하였다.

독서가 사고력과 창의력을 신장하고 뇌를 좋게 한다는 것에 모두 공감은 하지만 실천하기는 힘들다. 여러 가지 핑계가 많다. 우선 시간이 없고 바쁘다고 말한다. 학생들은 학원이나 입시 공부 때문에 책 읽는 것은 여가가 있는 사람이나 하는 일로 생각한다. 나이가 든 사람들은 눈이 아프거나 오래 앉아 있을 수 없다고 한다. 또 먹고 살기 힘든 세상에 무슨 책을 읽느냐는 사람들도 많다.

그러나 꼭 읽어야 할 사람이 있다. 바로 자녀를 둔 부모이다. 부모는 아이를 위해서 함께 책을 읽어야 한다. 아이는 부모의 모든 언어와 행동을 보고 따라하면서 배운다. 말과 행동뿐만 아니라 보이지 않는 마음까지도 배운다. 따라서 아이의 언어와 행동 습관 그리고 뇌의 상태에 가장 큰 영향을 끼치는 사람은 바로 부모이다. 책도 아이의 뇌를 활성화하고 탁월한 학습자로 성장하는 데 많은 영향력을 준다. 그래서 부모와 아이가 함께 책 읽는 시간을 가져야 한다는 것이다.

처음부터 부모와 아이의 뇌가 독서가의 뇌는 아니다. 독서하는 뇌를 만들기 위해서는 매일 책 읽는 연습과 훈련이 필요하다. 글자를 읽고 이해하는 힘을 기르는 방법은 오로지 책 읽기밖에 없다. 운동하여 근육을 키우는 것처럼 독서는 뇌에 적절한 자극을 주면서 정보처리와 분석, 이해, 기억, 상상 등 다양한 영역을 발달시킨다.

부모들은 아이들의 호기심과 탐구욕을 자극하여 똑똑한 뇌로 발달시켜야 한다. 더 나아가 국가의 인재를 양성하고 아이들을 탁월한 능력자로 기르기 위해서 평생 독서가로 육성해야 한다. 부모는 아이가 평생 독서가로 자라도록 주변을 책 읽는 분위기로 조성해 주어야 한다.

글자의 발명과 독서로 끊임없이 혁신하는 인간

인류가 사용한 최초의 문자는 기원전 4,000년경에 수메르인의 도시국가 우루크에서 썼던 수메르 쐐기문자였다. 고대 문명을 창조한 수메르인들은 가축과 곡식을 제사에 바치면서 그 기록을 그림으로 남겼다. 이것이 점점 간단한 기호로 바뀌었다. 기호문자는 설형문자로 글자의 선이 쐐기풀 모양이어서 쐐기문자라고 하였다. 글자의 발명은 문명을 축적할 수 있는 기록지를 만들게 하였다. 중국은 대나무를 엮어 만든 죽간에 기록하다가 종이라는 것을 발명하여 기록하였고, 그 기술은 전 세계에 전파되었다. 이집트에서는 식물의 줄기를 이용하여 만든 파피루스에 글자를 기록하기도 하였다. 우리는 기록이 없는 시대를 선사시대, 기록이 있는 시대를 역사시대라고 한다.

우리가 다음 세대에 글자로 된 자료를 남기지 않는다면 아마존 오지의 어떤 종족처럼 문명의 전승이 단순화될 가능성이 크다. 삶의 지혜를 축적하고 기술이 더 발전하여 문명사회가 된 것은 글자를 기록하고 읽을 수 있었기 때문에 가능하였다. 이렇게 기록되어 축적된 기술의 진보에 의해 금속활자가 발명되었다. 금속활자는 인쇄술의 급속한 발전을 가져와 기록의 보고인 책을 빠르게 보급하기 시작하였다. 이때가 바로 르네상스 시대와 맞물려 있다. 르네상스 시기에 건축, 과학, 의학 등 모든 분야에서 큰 변화가 있었던 이유가 여기에 있다.

이러한 인쇄술의 발달과 함께 책이 급속하게 보급되면서 특정 계급층만 접하던 책을 일반 시민들도 읽게 되었다. 독서인이 생겨난 것이다. 다양한 책을 쉽게 구하여 읽을 수 있고 사람들의 독서력이 좋아지면서 학문의 발전도 가져왔다.

들어주고 기다려주는 부모: 교육전문가

대한민국의 아이들은 세계적으로 우수한 지능을 가지고 있다. 세계 185개국의 지능지수(IQ)를 비교한 보고서를 보면 홍콩에 이어 세계 2위이다. 교육열도 유대인 가정과 함께 세계 최고이다. 유대인 엄마들과 우리나라 엄마들은 자녀 교육에 많은 에너지를 쏟는 것으로 유명하다. 그러나 학년이 올라가고 학교를 졸업한 이후의 아이들의 능력은 차이가 크다.

유대인은 미국 아이비리그 학생의 30퍼센트, 노벨상 수상자의 23퍼센트, 억만장자의 40퍼센트를 차지하고 있다. 이 놀라운 성과를 유대인은 어떤 방법으로 이루었을까? 그 비밀은 유대인의 교육에서 답을 찾을 수 있다. 유대인 교육의 핵심은 가정교육이다. 유대인 아이들은 부모와 식탁에서 치열하게 대화하고 토론하며 자란다.

유대인에게 가정은 질문하고 토론하는 곳이다. 가족들이 모여 토라와 탈무드를 함께 읽고 공부하면서 대화와 토론을 많이 한다. 유대인들이 가정에서 대화를 나눌 때 자주 사용하는 '마따호쉐프'라는 말이 있다. 이 말은 '네 생각은 뭐니?', '너는 어떻게 생각해?'라는 뜻이다. 유대인 부모는 항상 아이를 존중하는 말로 아이의 자존감을 키워준다. 어떤 상황에서도 허용적이기 때문에 아이들은 어릴 때부터 질문하고 소통하는 문화가 몸에 배어 있다. 이러한 가정환경과 질문을 통한 공부가 왕성한 지적 호기심을 자극하고 자기주도적 학습력을 고양시킨 것이다.

유대인 엄마들과 대한민국 엄마들의 다른 점은 아이가 학교에서 집으로 돌아왔을 때 하는 질문에도 있다.

유대인 엄마는 "오늘은 어떤 질문을 하였니?"라고 묻는다.

대한민국 엄마는 "오늘은 무엇을 배웠니? 시험은 잘 보았니?"라고 묻는다.

이같이 대한민국 엄마들은 배운 내용과 평가 결과에 관심을 보인다. 소위 최고의 대학이라고 불리는 SKY를 향한 입시 지옥과 현행 교육 시스템의 민낯을 보여주는 이야기이다.

《들어주고, 인내하고, 기다리는 유대인 부모처럼》에서 저자 장화용은 "유대인 자녀교육의 절대불변의 키워드는 '부모의 기다림과 인내'라고 생각한다. 씨앗을 뿌렸다고 싹이 바로 나오지 않듯이 식물이 제대로 자랄 수 있도록 정성을 기울여야 한다. 유대인 부모들은 가정에서 기다림과 인내로 자녀들의 자존감을 지켜주며 아이가 스스로 해결하기를 기다린다. 부모는 해결사보다는 조력자로서 아이의 성장을 지켜보는 것이 유대인 자녀교육의 핵심이다"라고 말하고 있다.

이제 우리 부모들도 아이들의 미래를 자신이 원하는 사람이 되도록 교육하려고 하는 생각을 과감하게 버려야 한다. 대신에 아이들의 잠재능력을 찾아주고 발휘하도록 안내해 주는 역할을 해야 한다. 그리고 아이들을 미래사회의 탁월한 인재로 성장하도록 교육방법에도 변화와 혁신이 필요하다.

교육이 미래사회를 대비하여 혁신하고 유능한 인재를 양성하기 위한 교육방법들을 고민하고 연구한다면 우리나라도 다음 세대에는 강한 선진대국이 될 수 있다고 본다. 선진국들은 대부분 교육에서 그 답을 찾았다. 그런 나라들 중에서 이스라엘은 우리나라와 상황이 비슷하다. 주변국의 위협이 늘 존재하고 천연자원보다는 인적 자원에 더 관심을 두고 있는 나라이다.

이스라엘의 교육 프로그램 중 최고 중의 최고를 의미하는 '탈피오트'는 그 가능성을 말해 주는 모델이 될 수 있다. 이스라엘은 우리나라 전라도 크기의 면적이고 서울 인구보다 적은 나라다. 그러나 막강한 군대와 첨단 무기로 무장하고 있고 청년 창업이 세계 최고이다. 이러한 저력은 바로 최고의 인재들만 입학이 가능한 교육 기관으로 학문연구와 군사훈련을 겸하고 있는 탈피오트라는 프로그램이 한몫을 하고 있다. 군사와 과학을 접목하고 융합하면서 젊은 청년들은 엄청난 지식을 축적하고 이스라엘을 외부로부터 지키는 최고의 방어체제를 구축한 첨단 장비를 개발하고 있다. 이러한 첨단의 과학, 정보통신 역량들은 다시 사회에 환원되어 산업화에 기여하고 있다.

이렇게 이스라엘은 주변국을 압도하는 첨단 과학 기술의 강한 힘으로 위기를 극복하고 강한 나라를 유지하고 있다. 과학, 무기, 신기술개발, 컴퓨터공학 등 주변국보다 한 수 위의 국력을 가지고 있다. 작지만 강한 나라. 그 힘은 어디서 나오는 것일까. 바로 교육이었다. 가정과 학교 그리고 사회 심지어 군대에서까지 교육을 통해 뛰어난 인재를 양성

하고 있다.[38]

이제 우리도 부모들이 진정으로 아이들을 위한 교육 전문가로 거듭나야 한다. 먼저 아이들의 신체를 강하게 하고 개인의 잠재력을 계발할 수 있는 교육 풍토를 조성하는 것이 필요하다. 그리고 탁월한 학습자로 살아가는 평생 독서가가 되도록 격려하고 지원하여 세계를 움직이는 위대한 인재가 많이 배출되도록 하자.

---

38) 제이슨 게위츠, 《이스라엘 탈피오트의 비밀》, 윤종록 감수, 윤세문 외 옮김, RHK, 2018, pp. 8-9.

7-2

뇌를 변화시키는 위대한 부모

"언제부터 책을 읽어 주어야 하나요?"

1960년대 최고의 여성트리오 '이시스터즈'의 인기 보컬 김희선은 아기를 낳은 지 3년째 되던 어느 날 아기가 뇌성마비로 걷기도 말하기도 힘들다는 판정을 받았다.

그녀는 음악 공연을 중단하고 아픈 딸을 위한 자기만의 공연을 시작하였다. 그리고 아픈 딸 유선이를 위해 수십 년 동안 매일 매일 책을 읽어 주었다. 엄마가 읽어 주는 책을 매일 듣고 자란 아이는 30년 후 뇌성마비 장애인 최초로 공학박사 학위를 취득하였다. 2004년에는 미국 조지메이슨대학 교육대학원 교수로 임명되었고, 2012년에는 조지메이슨대학 최고 교수상을 수상하였다.

"어머니는 책을 하도 많이 읽어 주셔서 내용을 줄줄 외우셨다. 어머니의 헌신과 희생이 없었다면 지금의 나 정유선이 과연 있기나 했을까?"

바로 엄마의 사랑으로 다시 태어난 정유선 박사의 말이다. 그녀는 자신의 자서전적인 에세이 《기적은 기적처럼 오지 않는다》에서 책 읽어 주기로 자신을 있게 만든 어머니의 사랑에 관해 이야기를 나누었다.

책 읽어 주기는 뇌를 변하게 하고 장애인도 박사가 되는 기적을 낳았다. 엄마의 사랑과 책이 기적을 만들었다.

아기 뇌는 똑똑하다

"생후 몇 주가 지나면 인간의 뇌는 말소리를 처리하는 데에 특화되어 있다."

프랑스 연구자 기슬랭 데하네-랑베르가 한 말이다.

fMRI로 아기의 뇌를 촬영하였다. 그 결과 아기들도 성인들이 사용하는 것과 동일한 두뇌 회로를 가지고 언어를 처리한다는 확신을 얻었다. 아기들에게 부모의 다정한 이야기나 책을 읽어 주는 것이 아기의 두뇌에 영향을 미친다는 것을 증명해 주는 연구이다.

부모가 하는 말에 아기가 언어로 대답하지는 않지만 부모는 아기에게 많은 말을 한다. 그러한 말들 중에는 책을 읽어 주면서 말을 하는 경우도 있다. 그래서 생후 6개월간 부모의 목소리가 익숙해지도록 대화를 하는 것은 아기의 정서적 안정과 뇌 활성화에 도움이 된다.

뇌는 인간의 전 생애를 걸쳐 변화한다. 시시각각 뇌의 뉴런들을 개조하고 재편성하며, 오래된 회로가 손상되거나 소실되면 새로운 회로로 대체하기도 한다. 기존의 기억과 새로운 지식, 경험을 융합하여 재창조하기도 한다. 인간은 언제나 새로운 정보를 입력하면서 사고하고 학습하기 때문이다.

어린아이를 위해 부모가 할 일

부모가 아기를 안정시킬 수 있는 가장 큰 힘은 그들의 목소리에 있다. 신생아들도 부모의 따뜻한 사랑이 담긴 말을 기억한다. 언어를 처리하는 시스템은 성인과 거의 같기 때문이다.

아기가 생후 8개월부터는 소리와 단어의 유형을 오래도록 기억할 수 있다는 사실이 연구 결과로 분명하게 확인되었다. 그래서 많은 어휘를 들은 아기가 언어 사용 능력이 뛰어날 가능성이 높다. 책을 읽어 주는 것은 아기 안에 잠재한 능력을 깨워주고 부모와의 관계가 더욱더 친밀해지도록 하기 위함이다. 또 장차 독서가로 자랄 수 있도록 준비를 하는 것이다. 뇌에게도 책 읽기를 익숙한 일로 받아들이도록 미리 알려줄 수 있다.

아기가 좀 더 자라서 글자를 알게 되면 읽어 주기와 스스로 읽기를 병행하면 된다. 책을 읽어 주면 아이는 다음 이야기를 상상하면서 호기심을 가진다. 이러한 아이는 집중력이 좋아져서 다른 배움도 잘하게 된다.

이때 부모가 할 일은 먼저 책 읽어 주기를 매일 같은 시간에 해 주는 것이다. 유아에게는 운율이 있는 시와 노래로 언어와 듣기 능력을 자극하는 것도 좋다. 때가 되면 아이에게 책장을 넘기도록 하여 책 읽기에 동참하게 한다. 책을 읽어 줄 때는 중요한 단어나 구절에서 가끔 멈추어 아이에게 말할 수 있는 기회를 주는 것은 아이의 뇌를 자극시켜 준다.

책이 아이들에게 친숙한 존재가 되도록 쉬운 책으로 접근하는 것이 좋다. 아이들은 그림책을 좋아한다. 간단한 그림책에서 시작하여 글이 많은 책으로 옮겨가면 된다. 아이가 성장하게 되면 지적 수준이 높은 책을 읽어 주어 뇌에 강한 자극을 주는 것도 좋다. 이러한 방법으로 꾸준하게 책을 읽는다면 어휘력의 향상과 함께 점점 더 어려운 책을 읽을 수 있다.

또 가정에서 부모가 우선적으로 할 일은 아이들이 책을 읽을 수 있는 편안하고 안전한 환경을 제공하여 도움을 주는 것이다. 로마의 정치가 키케로는 "집 안에 책이 없는 것은 영혼이 없는 것과 같다"고 했다. 집에서 아이들 가까이 책을 놓아두는 것만으로도 아이들이 책을 펼치게 만들 수 있다. 유아기나 아동기에는 더욱더 효과적이다. 어린 시절 독서습관이 아이를 평생 독서가로 만든다. 어릴 때 들은 책 읽는 소리와 책 읽기는 아이가 성장하면서 독서인으로 성장하는 계기가 된다. 아기는 기억한다. 부모의 책 읽는 소리와 책과 함께 한 시간을 기억한다.

짐 트렐리즈의 3B 키트

독서지도 전문가인 짐 트렐리즈는 저서 《아이들에게 책을 읽어 주자》에서 자녀의 독서를 위해 부모가 가정에서 준비해야 할 세 가지를 제시하였다. 그것을 짐 트렐리즈의 3B 키트라고 한다. Book(책), Book Basket(책 바구니), Bed Lamp(침대 곁에 켜 둘 램프)로 3B의 중요성을 언급하고 있다.

그가 제안한 읽기를 도와주는 3B 키트를 소개하면 다음과 같다.

첫째, Book이다. 아이들 스스로 흥미 있어 하는 책을 가지고 있다는 것은 중요하다. 부모가 골라주는 책이 아닌 아이가 원하는 책을 고르도록 하여 아이 곁에 두는 것은 아이에게 책을 가까이하는 데 효과적이다. 가끔씩 직접 서점에 가서 책을 보거나 자기가 좋아하는 책을 직접 고르게 하는 것도 좋은 방법이다.

둘째, Book Basket이다. 책 바구니는 자주 사용하는 곳에 두어야 한다. 책상 옆이나 화장실에 책 바구니를 두는 것도 좋은 생각이다. 아이들이 혼자 식사를 하는 경우가 있을 때는 식탁 근처도 좋다. 책 바구니뿐만 아니라 아이만을 위한 작은 책꽂이도 만들어 주자. 자기가 골라서 직접 구입한 책과 아끼는 책이 점점 많아지도록 한다. 아이에게 맞는 책꽂이는 책을 좋아하고 독서 습관을 지니는 데 효과적이다.

셋째, Bed Lamp다. 아이의 침대 옆에 램프나 독서등을 설치해 주자. 잠들기 전에 책 읽는 습관을 들일 수 있다. 작은 불 빛 아래에서 아이 홀로 책을 펼친다면 자신만의 상상의 세계로 날아갈 것이다.

7-3

거실을 생각의 창고로 바꿔라

"어린 시절부터 지적 호기심을 키워서 아이 스스로 다양한 지식을 즐기며 받아들일 수 있다면 얼마나 좋을까? 아이가 어릴 때부터 도감, 지도, 사전과 친해져서 장난감처럼 가지고 논다면? 그러면 성장한 후 아이에게 든든한 아군이 될 텐데……."

오가와 다이스케가 《거실 공부의 마법》이라는 책을 쓰게 된 동기이다.

거실은 가족들이 가장 많은 시간을 보내는 곳이다. 주로 텔레비전을 보며 시간을 보낸다. 거실을 독서하는 공간으로 만들어 엄마, 아빠와 함께 책 읽기와 책 읽어 주기를 한다면, 거실은 아이가 지적 호기심을 해결할 수 있는 장소가 될 것이다. 아이와 함께 책 읽는 풍토를 조성하는 것은 장차 가족 모두가 평생 독서가가 되는 지름길이다. 또한 가족 간의 대화가 살아나고 주제가 있는 이야기를 나눌 수 있다. 온 가족이 모이는 거실에 작은 도서관을 만든다면 가족들이 책과 친해지는 데 도움이 될 것이다.

똑똑한 뇌를 가진 아이가 사는 집은 거실부터 다르다

요즘 자녀가 초등학교 입학을 앞두고 있는 가정에서 책에 관심을 보이는 집이 많다고 한다. 거실을 책 읽는 공간으로 바꾸겠다는 것이다. 그래서 텔레비전이나 컴퓨터를 하면서 보내는 시간보다 독서를 하거나 가족과 대화를 나누는 시간을 늘리자는 것이다. 정말 현명한 부모들이라고 생각한다. 거실을 책 읽는 공간으로 바꾼 가정은 실제로 가족 모두 독서량이 많이 늘어났다고 한다.

1974년에는 프랑스 부르타뉴 반도의 TV 송신탑이 파괴되면서 그 지방의 130만 대나 되는 텔레비전이 무려 1년여 동안이나 먹통이 되는 엄청난 사건이 발생한 적이 있다. 과연 어떤 변화가 일어났을까?

예상 밖의 결과로 훗날 많은 사람들이 관심을 가졌다. 주민들은 갑자기 저녁 시간이 많아지게 되었다. 그 시간에 가족들이 모여서 책을 읽기 시작하였다. 서점도 더 번창하게 되었다. 그리고 사람들은 공원에서 함께 여유를 즐기는 시간이 많아져서 건강 또한 좋아졌다. 가족 간 관계뿐만 아니라 마을 사람들끼리도 관계가 더 좋아졌다는 것이다.[39] 이

39) 나루케 마코토, 《책, 열권을 동시에 읽어라》, 홍성민 옮김, 뜨인돌, 2009, pp. 90-91.

사건은 독서하는 풍토만 조성해 주어도 독서 시간을 늘릴 수 있다는 것을 말해 주었다.

아이들은 거실에 책이 가까이 있으면 장난감처럼 가지고 논다. 자연스럽게 책에 흥미를 느끼게 되고 책과 친해진다. 거실의 작은 도서관이 독서하는 아이로 자라게 한다. 또한 거실은 아이들이 가장 편안하게 놀 수 있는 장소이다. 그리고 개방된 곳이라 부모의 시야에 아이가 들어오기 때문에 아이를 안전하게 보살필 수 있다. 가장 편안한 장소에 책이 있다면 아이들은 자연스럽게 놀다가 책을 펼치게 된다. 재미있는 내용이라면 책을 끝까지 읽는다. 독서 습관이 만들어지는 것이다. 현재 '거실을 서재로', '책 읽는 집' 같은 캠페인 활동을 하는 가정이 점점 늘어나고 있다.

나는 아직 읽지 않은 책과 가장 최근에 구입한 책을 거실에 둔다. 거실에 있는 시간이 많기 때문에 언제든 책을 꺼내어 읽을 수 있도록 하기 위함이다. 읽어야 할 책은 손이 가장 쉽게 닿는 위치에 두고 오래된 책일수록 책장 아래나 위로 배치한다.

아이들이 있는 집에서는 책 표지가 보이도록 책을 놓아두는 것이 좋다. 그러면 아이들은 표지 그림을 보고 책을 더 자주 보게 된다. 아이들은 책과 함께 놀면서 새로운 지식을 쌓는다. 단 부모님이 책을 강요하거나 읽은 것을 확인하는 것은 오히려 해가 된다. 혹시 아이들이 무언가에 호기심을 보인다면 즉시 그 순간을 놓치지 말고 아이가 스스로 책을 찾아보도록 안내해 준다. 자신의 힘으로 호기심을 해결한다면 아이의 독서력과 공부하는 힘은 점점 좋아질 것이다.

독서하는 마음이 생기는 장소가 있다

예로부터 책은 조용하고 마음이 편안한 곳에서 읽어야 한다고 했다. 그리고 항상 바른 자세로 앉아서 읽어야 한다고 가르치고 배웠다. 하지만 요즘 세대는 자신만의 장소를 선호한다. 그러면 독서의 효율성도 높아진다고 한다. 읽는 자세도 자유롭다. 동네 카페에 앉아 커피를 마시면서 책을 읽는 것도 좋다. 직장인이라면 출퇴근하는 지하철도 좋은 장소이다. 시간을 활용한다는 면에서 인생에 도움이 된다. 일본의 어느 작가는 지하철에서 많은 시간을 무료하게 보내다가 독서를 하면서 독서가가 되고, 책을 쓰면서 대박 인생이 되었다고 한다. 하루 평균 3시간 출퇴근한다고 가정하면 1년 중 한 달은 지하철에서 보낸다는 것이다. 엄청난 시간이다.

지하철, 도서관, 카페, 자기 전 침대 등 독서하기 좋은 장소는 사람마다 다 다르다. 자신에게 맞는 장소를 찾아서 책을 읽는다면 책 읽기는 재미있고 즐거운 것이라는 것을 뇌에 각인시킬 수 있다. 아이들은 도서관 소파에 누워서 책을 읽기도 한다. 어떤 아이는 엎드려서 읽는다. 다락방 같은 곳이나 자기 혼자만 들어갈 수 있는 작은 공간에서 읽기를 좋아하는 아이도 있다. 친구들끼리 모여 토론하면서 읽기도 한다.

그렇다면 "옛 성현들은 책 읽는 장소로 어디를 선호하였을까?" 나폴레옹이나 알렉산더 대왕은 전쟁터에서 많은 시간을 보냈기 때문에 말 위에서도 책을 놓지 않았다고 전한다. 수학자 푸앵카레는 마차에서 그동안 고민하고 있던 수학문제 풀이에 대한 아이디어를 얻었다고 한다. 침상에서 잠자기 전에 읽었다는 성현들도 많다.

책 읽는 시간과 장소도 중요하지만 항상 책이 보이게 하고, 늘 읽는 습관을 갖는 것이 필요하다.

가정에서 독서 습관 길러주기

플라톤은 어릴 때는 사소한 일도 꾸짖음을 소홀히 하지 말라고 하였다. 좋지 않은 습관을 지닌 아이에게 "습관은 결코 사소하지 않단다"라고 말하였다. 몽테뉴도 "가장 나쁜 버릇이 드는 때는 바로 우리가 가장 미숙한 어린 시절이며 기본 성품이 어떻게 형성되는가는 부모의 손에 달렸다"고 하였다.

좋은 습관을 어릴 때 형성하면 평생 동안 유지할 수 있다. 성인이 되어서 좋은 습관을 지니는 것, 특히 독서하는 습관을 새롭게 가지는 것은 어렵고 고통이 수반된다. 오랜 세월 살아온 삶의 양식을 파괴하고 새로운 삶에 도전하려고 하면 몸과 마음이 받아들이려 하지 않는다. 우리 뇌는 익숙한 것을 곧 편안함으로 인식하기 때문이다.

가정에서 아이들에게 독서 습관을 길러주는 가장 쉬운 방법은 다음과 같다.

첫째, 거실을 작은 도서관으로 만들어 부모가 함께 읽는다. 어릴 때는 부모가 아이들을 위해 책을 읽어 주고, 성장한 후에는 아이들이 부모에게 책을 읽어 주거나 함께 읽는다면 더 많이 읽게 될 것이다. 부모가 인정해 주고 칭찬해 주면 아이들의 뇌는 춤을 춘다.

둘째, 흥미를 자극하는 책들을 준비한다. 가령 소리 나는 책이나 헝겊책 등을 준비하여 가족들과 재미있게 놀면서 책 읽기에 흥미를 붙이게 한다.

셋째, 한 권의 책이 끝날 때마다 이벤트를 준비한다. 책을 한 권 끝까지 읽었을 때 새로운 책을 선물하거나 작은 파티를 열어 준다. 아이는 책 읽는 시간을 점차 늘려나갈 것이다.

7-4

변화가 시작되는 시금석

"뇌는 플라스틱 같아서 우리의 행동에 따라 모양이 달라진다."

세계적인 신경심리학자이자 뇌과학자인 이안 로보트슨 교수의 말이다. 이 말은 인간의 뇌세포는 가소성(plasticity)과 유연성(flexibility)을 가지고 있기 때문에 자신이 어떻게 활용하는지에 따라 언제든지 변화가 가능하다는 것이다.

뇌는 늙지 않는다고 하였다. 육체와 피부는 늙지만 우리가 학습하거나 동작을 익히는 것과 같은 새로운 경험을 하면 뇌는 신경세포를 생성하고 연결을 시도한다. 뇌는 자극을 받으면 활성화된다. 그 자극이 독서라면 새로운 지식을 흡수하고 상상의 과정을 거치면서 뇌의 사령관인 전두엽과 해마 등 전뇌가 활성화된다. 즉, 똑똑한 뇌로 변화가 시작되는 것이다.

머리가 좋다는 것은 뇌의 정보처리 속도가 빠르다는 뜻이다. 정보처리 속도를 높이려면 우리 뇌의 신경세포회로가 치밀해져야 하는데, 이를 뇌과학에서는 '미엘린화 현상'이라고 한다. 미엘린화란 미엘린이라는 성분이 뇌의 신경세포 축삭돌기를 둘러싸서 마치 정글의 막을 형성하는 것과 같은 뇌 변화이다.

우리 뇌의 정보는 전기적 신호에 의해 전달되는데, 이때 미엘린이 축삭돌기를 덮어 막이 두껍게 형성되면 전기신호가 중간에 사라지거나 약해지는 것을 막아서 전달 속도가 빨라진다. 미엘린화는 꾸준히 반복하는 연습과 학습에 의해 이루어지며, 한번 형성된 미엘린은 잘 파괴되지 않는다. 우리가 특정한 버릇을 가지게 되거나 어떤 일에 숙달되는 것은 모두 이러한 뇌의 미엘린화와 관련이 있다.

독서는 미엘린화를 돕는 가장 뛰어난 자극 가운데 하나이다. 매일 10분이라도 독서를 한다면 습관화된다. 이러한 습관화는 뇌의 미엘린화 현상을 가져와서 뇌의 신경세포 시냅스의 연결을 강화한다. 이것은 뇌가 좋아지는 것을 의미한다.

미국의 피츠버거대학의 마르셀 저스트 박사팀은 8~10세 어린이 중에서 글을 잘 읽는 아이 25명과 잘 읽지 못하는 아이 47명을 대상으로 뇌의 신경세포까지 확인할 수 있는 '확산텐서영상(Diffusion Tensor Imaging)'이라는 검사를 하였다. 이 검사는 뇌의 백색질에 흐르는 물을 측정하는 것으로 이를 통해 수검자의 뇌 구조를 파악하고 시간에 따른 변화를 분석할 수 있다.

측정결과 글을 잘 읽지 못하는 아이들은 좌측 전두엽의 미세구조

조직이 부족한 것으로 나타났다. 이 아이들을 대상으로 6개월간 읽기 연습을 하였다. 6개월 후 아이들의 왼쪽 전두엽의 백색질이 상당히 증가해 있는 것을 발견하였다.[40] 미엘린화가 진행된 것이다. 이것은 꾸준한 독서가 아이들의 뇌를 효율적으로 변화시킨다는 것을 말해 주고 있다.

책이 많은 집: 똑똑한 뇌

집에 책이 많이 있는 것만으로도 뇌가 발달한다는 연구 결과가 있다. 부모의 교육 정도와 상관없이 책을 즐겨 읽는 집 안 분위기 자체가 아이들의 지적 능력을 긍정적으로 향상시킨다는 것이다. 책이 많다는 것은 그만큼 책을 접할 기회가 많다는 것을 의미한다. 책을 가까이한다는 것은 곧 공부와 연결됨을 의미한다. 공부는 대부분 책을 통하여 이루어지기 때문이다. 요리 공부를 하더라도 요리책을 보면서 실습을 한다면 더 빨리 실력이 늘어난다. 읽기는 모든 공부의 시작이다.

책을 많이 읽으면 사고력 신장과 함께 의식이 넓어지고 통찰력과 창의력이 발달한다. 책을 읽고 독서력이 높아져서 자기 생각을 자주 표현하면 예리한 비판력도 기를 수 있다. 운동이 신체를 단련시키듯 독서는 정신을 단련시키고 뇌를 단련시킨다. 또한 독서는 인간이 훌륭하게 성

40) 정세진, 《어릴 때 책읽기 야무진 뇌 만든다》, 코메디닷컴, 2010.01.08.

장하는 데 필수이다. "무슨 책을 읽어 왔는지가 그 사람이다"라는 마틴 발저의 말대로 책을 읽는 사람들은 인품이 좋으며 생각하고 행동하는 것이 남다르다. 그래서 훌륭한 인재가 될 가능성이 높다.

자기만의 독서기술을 가져라

《생각을 넓혀주는 독서법》에서 모티머 J. 애들러는 "읽기 교육의 투자는 초등학교에서 주로 한다. 초등학교 5학년까지는 읽기를 잘 배운다. 그러나 초등학교 6학년 시기가 한계가 된다. 그 이후 상급학교에 진학하거나 어른이 될 때까지 많은 책을 읽지만 책을 읽는 수준은 초등학교 6학년 수준에 머물러 있는 경우가 많다"고 한다.

이것은 책 읽는 법과 독서 기술이 필요함을 말한다. 300년 전에 파스칼은 말했다. "지나치게 빨리 읽거나 느리게 읽으면 아무것도 이해하지 못한다." 책을 종류에 따라 적절한 속도로 읽는 능력을 갖추어야 제대로 읽을 수 있다는 것을 말한다.

가볍게 읽을 수 있는 책에 많은 시간을 투자할 필요는 없다. 간단한 정보가 필요하여 책을 볼 때는 필요한 부분만 읽고 정보를 얻으면 그만이다. 하지만 고전과 같은 철학서를 읽을 때 속독으로 읽는다면 생각할 수 있는 여유가 없어진다. 그런데 너무 느리게 읽으면 뇌의 기억력에 한계가 있기 때문에 기억의 연결이 끊어지게 된다. 그래서 책의 내용을 이해하고 파악하는 데 어려움을 가지게 되어 책의 앞부분부터 다시 보아야 하는 경우가 발생한다.

책의 종류와 읽는 목적에 따라 적절한 읽기 방법과 기술이 필요한 이유가 여기에 있다. 그래서 자기만의 독서법이 필요하다.

역사상 거장들의 독서법과 독서 전문가들이 말하는 독서법을 그대로 따라 하는 것도 좋지만, 책을 읽으면서 자신에게 맞는 독서법을 스스로 찾아내어 읽는 것이 가장 좋은 독서법이다.

삶을 변화시키는 독서

나는 몸과 마음이 힘들거나 어려운 일을 할 때마다 생각나는 사람이 있다. 넬슨 만델라이다. 많은 세월을 혹독하게 보내면서 자신과의 싸움을 통해 도리어 위기를 기회로 활용한 훌륭한 사람이다.

흑인 혁명가 넬슨 만델라는 1918년 남아프리카공화국 케이프 주에 있는 음베조에서 태어났다. 평소 넬슨은 하루에 90분씩 장거리 달리기, 축구, 권투를 하면서 평생 강인한 체력을 계속 유지하였다. 젊은 시절 넬슨은 폭력저항을 하면서 27년 동안 감옥생활을 하였다. 자유롭지 못한 감옥이라는 작은 공간에서 오랜 세월을 보내면서도 누구를 원망하거나 미워하기보다는 자신을 성찰하는 시간을 가졌다. 그리고 새로운 세상을 꿈꾸면서 독서와 육체적 노동을 통하여 몸과 마음을 끊임없이 단련하였다.

넬슨은 많은 시간을 독서에 심취하였다. 그는 책을 읽으면서 시련과 고난을 극복했던 위대한 성현들과 지도자들의 삶과 업적을 배웠다. '위대한 지도자들은 평범한 사람으로 태어났지만 수많은 시련과 고통을 극복하고 마침내 위대한 업적을 이뤘다'는 사실도 배웠다. 이런 독서는 넬슨의 가슴에 희망을 주었고 평범한 사람에게도 잠재된 위대한 힘이 있다는 사실을 깨닫게 했다. 후에 그는 '자신이 만약 감옥에 가지 않았더라면 남아프리카 공화국의 백인정권에 의한 유색인종 차별정책인 아파르트헤이트를 종식시킬 만한 리더십을 연마할 수 없었을 것이다'라고 회고하였다. 훗날 만델라는 인종 차별이 가장 심한 나라, 바로 남아프리카 공화국에서 최초의 흑인 대통령이 되었다.

이러한 위대한 사람들의 삶의 이야기는 우리가 현실에서 부딪히는 문제들을 헤쳐나갈 수 있는 지혜와 용기를 준다. 그래서 위대한 사람들의 이야기가 담겨 있는 책은 더 소중하다. 감사한 마음으로 읽고 또 읽어야 하는 이유가 여기에 있다.

7-5

똑똑한 아이로 키우는 부모 독서법

'몽테스키외의 붉은 포도주'

《책을 읽는 방법》에서 저자 히라노 게이치로는 '몽테스키외의 붉은 포도주'라는 말을 언급하면서 책 읽는 방법에 대해 말했다.

삼권분립을 주장한 프랑스의 위대한 사상가 몽테스키외가 남긴 책 중에 《법의 정신》이라는 책이 있다. 이 책은 몽테스키외가 20년에 걸쳐 연구하고 사색하면서 저술한 책이다. 그래서 후대 사람들은 《법의 정신》을 '몽테스키외의 붉은 포도주'라고 불렀다. 이렇게 말한 까닭은 좋은 포도주는 천천히 음미하면서 마시듯이 위대한 책을 읽을 때도 그렇게 읽으라는 것을 말하고 싶었던 것이다. 즉, 몽테스키외의 예리한 통찰력과 영혼을 담아 저술한 이런 위대한 고전을 읽을 때는 겸허한 마음으로 정신을 집중하여 읽어야 한다는 것이다.

정독이냐
다독이냐

조선시대 성리학자이자 교육자로 알려진 김굉필(金宏弼, 1454~1504)은 다독보다는 정독과 숙독을 권장하였다. 정독은 '천천히 자세하게 읽는 것'이고, 숙독은 '의미를 깊이 생각하면서 읽는 것'이다. 독서를 많이 하다 보면 어려운 책을 만나게 된다. 그러면 자연스럽게 정독하게 된다. 그리고 고전과 같은 책은 숙독하지 않을 수 없다. 의미를 생각하지 않으면 무엇을 읽었는지도 모르고 재미도 느낄 수 없기 때문이다.

당송팔대가(唐宋八大家) 중의 한 사람인 구양수(歐陽脩, 1007~1072)는 '삼다론(三多論)'을 말하였다. 다독(多讀), 다상량(多商量), 다작(多作). 즉 많이 읽고, 많이 사유하고, 많이 쓰라는 것이다.

미래학자 앨빈 토플러는 그의 저서 《제3의 물결》을 쓰기 위해 무려 500권 이상의 문헌을 참고하였다고 한다. 러시아의 대문호 톨스토이도 《전쟁과 평화》 한 편을 쓰기 위해 작은 도서관 하나 정도의 책을 참고하였다고 한다. 이처럼 많이 읽으면 생각하는 힘이 생긴다. 그 힘은 상상력과 창의력으로 연결되어 입이 열리고 글을 쓸 수 있게 된다. 글을 쓴다는 것은 창작이다. 창작은 생각하는 힘과 상상력에서 시작된다. 그러한 힘은 독서에서 얻을 수 있다.

간혹 다독과 속독을 혼동하는 경우가 많다. '빨리 많이 읽게 해서 아이에게 부담을 주면 안 된다. 정독을 하여서 한 권을 읽고도 감동과 교훈을 느끼도록 하여야 한다. 깊이 있게 사고하며 읽어야 한다'와 같이 천천히 음미하는 것이 더 좋다는 말을 많이 한다. 여기서 다독은 많은 책을 읽는 것을 말한다. 빨리 읽거나 느리게 읽는 것은 아이의 독서력과 개인의 특성이다. 다양한 방면의 많은 책을 읽다 보면 독서력이 오르고, 속독은 독서력 신장과 함께 성장할 것이다. 독서력을 높이려면 우선 많이 읽어야 한다.

동시에 여러 권을 함께 읽기

나는 여러 권을 함께 읽는 방법으로 읽는다. 직장에서 2~3권, 집에서 평균 5~10권 정도를 동시에 읽는다. 여러 권 동시에 읽기를 하면 뇌의 정보 처리량이 많아지고 여러 분야의 지식이 흡수되면서 뇌 회로연결망이 더 늘어나게 된다. 이것은 기존의 기억들과 새로운 정보들이 연결되고, 서로 융합되어 새로운 정보로 재구조화하는 작업이 일어나기 때문이다. 이러한 과정들이 축적되어 좀 더 창의적인 뇌로 성장하게 되는 것이다.

《책, 열 권을 동시에 읽어라》의 저자 나루케 마코토도 "지식의 경계를 허무는 창조적 책 읽기가 바로 동시에 여러 권 읽기이다"라고 말하였다. 나는 책을 더 효율적으로 읽기 위해서 생활공간 곳곳에 책을 둔다. 특히 잠자리에서 하는 책 읽기는 가장 즐거운 일이 되었다. 잠자리에서 읽는 책은 주로 인간의 본성을 다스리는 이야기나 자연친화적인 책을 읽는다. 이런 책과 함께 잠들 때가 가장 편안하다. 한 권의 책을 계속 끝까지 읽는 것보다 장소마다 다른 책을 읽으니 훨씬 더 새롭고 다양한 지식을 쌓게 되어 새로운 아이디어를 구상하는 데 도움이 많이 되었다.

또 새로 구입한 책의 표지를 느껴보고 첫 페이지를 펼칠 때 기대와 두근거림은 잊을 수 없는 경험들이다. 마지막 페이지를 읽을 때도 뿌듯한 성취감과 함께 잠시 책의 세계로 빠져들기도 한다. 이때 무아의 경지를 체험하게 되고 형언할 수 없는 감동도 경험하게 된다. 이렇게 책 읽기의 시작과 끝이 매일 매일 일어나게 만드는, 여러 권 동시에 읽기에 도전해 보는 것도 책 읽는 즐거움 중의 하나이다.

다독으로 뇌를 폭발시키다

다독은 뇌를 폭발적으로 변화시킨다. 많은 지식과 정보를 흡입하여 생각하는 힘을 증가시키고, 삶의 비전을 가지게 되어 궁극적으로 삶의 질적 변화가 일어난다.

나도 지난 몇 년간 1일 1권 읽기를 하면서 많은 변화가 생겼다. 교육철학을 다시 정립하고 다양한 장르의 책을 섭렵하면서 생각이 깊어지고 세상을 보는 눈이 달라졌다. 다방면의 지식과 간접경험들이 축적되면서 새로운 삶의 목표와 비전을 세웠다. 무엇보다 말하기에 자신감이 생겼다. 그리고 교육 관련 전문서적을 접하면서 교육자로서 살아가야 할 방향을 재정립하고 당당하게 자신의 삶을 살 수 있게 되었다. 독서는 우리에게 지식과 정보 그리고 감동뿐만 아니라 삶을 변화시킬 수 있는 힘을 준다.

한 권의 책을 쓰기 위해서 작가는 그 주제에 대하여 최소 100권 이상의 책을 본다. 더 중요한 사실은 그들은 책을 통하여 자신의 생각과 행동을 바꾸고 인간을 위한 보편적 삶을 실천하고 있다는 것이다. 책은 삶 속에서 보고, 듣고, 느낀 것과 독서를 통하여 흡수한 방대한 지식을 종합하여 기록한 것이다. 그래서 책을 읽으면 감동을 받고, 삶의 변화를 가져올 수 있는 메시지를 받을 수 있다. 특히 오랜 세월 사랑을 받으면서 읽히는 고전은 더 위대한 지혜가 담겨 있다. 좋은 책은 몇 번을 다시 읽어도 새롭고, 읽을 때마다 더 큰 지혜를 준다. 그래서 책은 우리의 뇌와 삶을 가꾸어 주는 위대한 발명품이다.

PART 8

뇌를 춤추게 하는 미라클 모닝 독서

8-1

미라클 모닝 독서

"디스플린(Discipline)_아레테(Arete)"

고대 그리스 철학자 아리스토텔레스(Aristotle, 기원전 384~322)는 인간이 가진 최고의 덕을 고대 그리스어로 '아레테(arete)'라고 불렀다. 즉 '도덕적 미덕' 또는 '탁월함'을 의미한다. 그는 탁월함을 '훈련과 습관을 통해 성취한 최선'이라고 정의하였다.

《신의 위대한 질문》의 저자 배철현은 "어떤 사람에게 탁월함이 있다면 그것은 그의 습관이다. 내가 처한 환경은 나의 습관이 지은 집이다. 어리석은 사람은 자신의 환경과 운명을 원망하지만 지혜로운 사람은 자신의 생각과 말을 살펴 매일 매일 개선하려고 노력한다"라고 말하였다. 습관은 자신의 몸과 마음의 표현이다. 習(습)이란 한자는 스스로 날려고 하는 새끼 새의 날갯짓을 형상화한 글자이다. 이처럼 습관이란 새가 수많은 연습과 실패를 거듭한 끝에 하늘에 날아오를 수 있듯이 꾸준함에 의해 우리가 변한 결과라고 볼 수 있다. 뇌과학에서 습관은 뉴런의 재편성과 그 연결의 견고함을 말한다.

내가 다니고 있는 복싱 체육관의 샌드백 위에 "승리에 우연이란 없다. 천일(千日)을 연습하는 것이 '鍛(단)'이요. 만일(萬日)을 연습하는 것이 '鍊(련)'이다. 이러한 단련(鍛鍊)이 있고서야 승리를 기대할 수 있다"라는 문구가 있다. 복싱 기술을 익히고 샌드백을 치면 땀이 비 오듯 쏟아진다. 턱까지 찬 숨을 고르면서 잠시 동작을 멈출 때 항상 보이는 말이다. 우리 몸이 습관으로 받아들이고 몸과 마음이 강하게 되기까지는 수많은 연습과 훈련 그리고 땀이 있어야 한다. 나는 단련이라는 말을 좋아한다. 단련은 영어로 디스플린(discipline)이다. 디스플린은 연습을 통한 훈련을 하면서 몸과 마음을 단련하는 것을 의미한다. 독서가 습관이 되는 길도 끊임없는 단련이 필요하다. 그저 이루어지는 것은 이 세상에 존재하지 않는다. 디스플린하라.

하루 10분 책 읽기로 시작하자

매일 아침 10분 책 읽기는 1998년 일본의 한 고등학교에서 시작되었다. 일본 혼슈 지바현 후나바시 지역의 고등학교에 하야시 히로시라는 교사가 있었다. 처음엔 학업성적, 집중력, 이해력을 높이기 위한 수단으로 독서를 시작하였다. 그 후 시간이 지나면서 교내의 학교폭력이 줄어들고 집단 이지메(집단 따돌림)가 근절되면서 주목을 받기 시작하였다.

이렇게 시작된 아침독서 운동은 나비효과를 불러와 일본 전역에 아침독서 열풍을 일으켰다.

우리나라도 2005년부터 학교에 도입되어 아침독서를 하는 학교가 생겨나기 시작했다. 지금은 전국의 많은 학교에서 매일 아침 책 읽기로 하루를 시작하고 있다. 저학년은 선생님이나 도우미가 직접 책을 읽어주고, 고학년은 교사와 함께 책 읽기를 하고 있다. 아침독서는 독후에 대한 부담을 주지 않고 자기가 좋아하는 책을 편하게 읽게 하는 것이 중요하다. 그저 아이들이 책을 마음껏 읽을 수 있는 환경을 제공할 뿐이다.

하루 10분씩 하는 독서가 시간이 지나면서 아이들을 변하게 했다는 학교가 많다. 매일 책 읽는 아이는 눈에서 빛이 난다. 사용하는 어휘가 달라진다. 그리고 품위 있게 행동하고 예절이 바르기 때문에 교사와 친구들이 좋아한다. 그만큼 책은 사람들의 뇌를 변화시켜서 품격 있는 삶을 살게 만든다. 그리고 탁월한 능력과 인성을 갖춘 아이로 성장하도록 돕는다.

아침독서의 4가지 원칙

"가장 효과적인 교육은 자녀가 사랑스러운 것들 사이에서 뛰어놀 수 있게 하는 것이다."

고대 그리스 철학자 플라톤(Plato, 기원전 428~348)이 한 말이다.

책은 아이들에게 항상 가까이에 있는 존재여야 하며, 늘 가지고 노는 장난감처럼 친근해야 한다. 학교에서 하는 아침독서는 아이들과 교사가 편안하게 읽는 것으로 시작하면 된다. 효과적인 아침독서를 위한 4가지 방법을 소개하면 다음과 같다.

첫째, 교사와 아이들이 함께 읽는다. 학급 아이들이 함께 같은 책을 읽는 것도 좋다. 책을 다 읽고 난 후에 책 나눔을 하기에 좋다. 같은 책을 읽으면 가볍게 이야기를 나눌 수 있는 소재가 생긴다. 교사와 아이들 그리고 아이들끼리 읽은 책으로 소통하면 관계를 형성하고 개선하는 데 도움이 된다. 아이들이 책을 좋아하게 되고, 책은 나를 성장시킨다는 것을 인식하게 된다. 그리고 학교생활이 행복해져서 매사에 긍정적인 마음을 가지게 된다.

둘째, 매일 같은 시간에 읽는다. 책 읽기가 습관이 되기 위해서는 뇌의 뉴런에 연결고리를 만들어야 한다. 매일 아침 같은 시간에 10분씩 읽기를 6개월 이상 지속하면 대부분의 아이는 교사의 지도가 없어도 자연스럽게 책 읽는 습관이 형성된다.

셋째, 좋아하는 책을 읽는다. 아이들은 자신이 좋아하는 일에는 관심을 가지고 집중하며 몰입한다. 아이들을 자세히 관찰해 보면 자기가 좋아하는 교과를 공부할 때 수업 내용에 집중하고 몰입해서 열정적으로 수업에 참여하는 것을 볼 수 있다. 아이들이 직접 책을 고르고 좋아하는 장르를 선택하게 한다면 책 읽기의 반은 성공한 셈이다.

넷째, 그냥 읽기만 하도록 한다. 그동안 학교 독서는 책을 읽고 결과물을 제출하도록 하여 학생들에게 부담을 주었다. 이러한 방법은 도리어 아이들이 책을 멀리하게 만들 수 있다. 책은 나를 힘들게 하는 것일 뿐이라는 생각을 하게 만들어 책이 부정적으로 뇌에 각인되는 결과를 초래한다. 독후 활동은 독서력이 높아지고 난 후에 해도 늦지 않다. 독서 시간이 쌓이면서 아이들은 자연스럽게 책 내용에 대해 의문을 가지며 질문을 많이 하게 된다. 그리고 자기 생각을 이야기하면서 말하기 기술과 표현력이 향상된다. 우선 읽기만 권장하여 자신의 생각을 더 깊게 하고 자신을 성찰할 수 있는 힘을 가지게 하는 것이 좋다. 이러한 책 읽기는 사고력과 함께 창의적인 뇌를 가지게 하는 단초가 된다.

학교와 교실에서 일어나는 작은 기적

아침독서 제창자 하야시 히로시는 《아침독서 10분이 기적을 만든다》에서 교과서조차 제대로 못 읽던 아이가 매일 아침 10분 동안 책을 읽으면서 조금씩 책 읽는 힘을 기르게 되었다고 했다. 또한 학교에서 아침독서를 하게 되면서 일상생활에 긍정적인 변화가 나타났다고 했다.

"아침에 혼자서 일어난다.", "텔레비전과 스마트폰을 보는 시간이 줄었다.", "이해력이 좋아졌다.", "문장을 읽는 속도가 빨라졌다.", "읽으면서 스스로 생각할 수 있게 되었다.", "사용할 수 있는 단어가 풍부해졌다.", "글쓰기를 술술 할 수 있게 되었다."

이처럼 아침독서를 시작한 지 몇 년이 지나자 학교와 가정에서 작은 기적들이 일어나기 시작했다는 것이다. '아침에 하는 독서 10분. 시간이 너무 짧은 것은 아닌가?'하고 의아해하는 사람들이 많다. 아이들에게 독서는 얼마나 오랜 시간 독서하는가보다는 얼마나 꾸준하게 독서를 하는가가 중요하다.

매일 10분씩 책 읽는 습관이 형성된 아이는 시간이 지날수록 10분이 아니라 100분의 독서도 가능한 아이로 성장한다. 이때 주변의 친구와 부모, 교사가 함께 읽고 또 격려해 준다면 아이들은 금방 책을 가까이하고 좋아하게 된다.

내가 근무하는 학교에도 도서관의 아침은 활기차다. 아이들이 책을 빌리기 위해 줄을 서 있는 모습을 보게 된다. 오늘 아침에 읽을 책을 어제 빌려 두지 않은 학생들이다. 모두 즐거운 표정들이다. 여러 권을 한꺼번에 빌려가는 아이들이 많다. 책에 대한 욕심이 생기기 시작한 것이다.

10분의 힘은 시간이 지나면서 우리가 상상할 수 없는 기적을 낳는다. 아침 10분 독서를 실천하고 있는 교사들의 이야기를 들어보면 먼저 아이들의 언어가 달라져 친구들 간의 다툼이 줄어들었다는 것이다. 대부분의 다툼이 언어에서 출발하는 경우가 많다. 학교폭력이나 따돌림의 현상도 많이 줄어들었다. 차분하고 안정된 교실이 되어 수업력도 향상되었다.

아침독서가 정착된 교실의 공통점은 아이들과 교사가 함께 읽는다는 것이다. 이렇게 매일 조금씩 읽어서 독서 습관이 형성된 아이들은 고학년으로 올라갈수록 어려운 책도 읽게 되고 책 읽는 속도도 빨라진다.

독서를 계속하면 새로운 세상을 탐험하게 되고 집중력과 상상력이 좋아진다. 상상력은 곧 창의력으로 연결되어 미래 역량에 걸맞은 인재로 성장할 가능성이 커진다. 이렇게 모든 교사와 아이가 함께 독서를 하게 되면 독서의 즐거움뿐만 아니라 교실의 변화와 아이들의 생각과 행동이 변하는 기적을 체험할 수 있다.

인생을 바꾸는 아침독서

'책을 읽기 시작하면 뇌 속에서 화학반응이 일어난다'고 말한 일본의 독서전문가 마쓰야마 신노스케는 아침독서에 대해 다음과 같이 말했다.

"책을 읽으면 글자를 통해 정보가 뇌로 들어온다. 그러면 우리의 뇌는 들어온 정보를 발판 삼아 '자신과의 대화'나 '저자와의 대화'를 시작한다. 어느 정도 사고가 무르익으면 과거에 있었던 일을 떠올리거나 앞으로는 이렇게 하자는 식으로 생각을 거듭하며 사고가 점점 확장되어 간다. 믿기 힘들 수도 있지만 나는 이 모든 것을 '아침독서'를 시작하면서 경험했다."

이 말은 책을 통하여 정보가 입력되고 기존에 기억되어 있던 정보들과 새로운 정보들이 시너지 효과를 발휘하여서 사고가 확장되어 창의력이 생긴다는 말이다. 평소 아침독서를 위해 시간을 확보하고 매일 실천하는 것은 힘들지만, 이러한 아침독서가 몇십 년 쌓이면 독서의 고수가 되어 있는 자신을 스스로 발견하게 된다. 어느 순간 자신도 모르게 생각하는 힘이 생겨 뇌가 좋아짐을 스스로 느낄 수 있다. 이것이 독서의 힘이다.

독서는 아이가 세상의 모든 지식과 만나는 첫 번째 통로이자, 과거와 현재를 넘나들며 뛰어난 사람들이 남긴 지식의 정수를 맛볼 수 있게 해 준다. 독서는 세상이 넓고 크다는 것을 알게 한다. 그리고 인간을 이해할 수 있는 분별력과 판단력을 높여준다.

가정과 학교에서 하는 독서는 가만히 앉아 신체적·정신적으로 책에 집중해야 하는 활동이라서 두 배, 세 배의 의지가 필요하다. 특히 초등학교 시기에는 집중할 수 있는 시간이 극히 짧다. 10분이라도 집중하여 책을 읽는 습관이 필요하다.

습관이 된 꾸준한 독서는 절대 배신하지 않는다. 독서를 하는 아이들은 미래에 대한 비전을 가지게 되고 왕성한 호기심에 따른 탐구욕으로 세상을 보는 눈을 키워나간다. 호기심과 탐구욕은 공부를 잘 할 수 있는 기본적인 역량이다. 따라서 독서하는 아이는 미래의 큰 꿈에 도전하려는 의욕을 품고 스스로 문제를 해결하려는 자주적인 삶을 살기 때문에 크게 성장할 가능성이 높다.

8-2

숙련된 독서가의 뇌: 두뇌 혁명

“소리에 관한 한 아이들은 태어날 때부터 뇌 신경망이 연결된 상태이지만, 문자를 깨우치고 읽기를 한다는 일은 고생스럽게 추가 조립해야 하는 액세서리다.”

캐나다 심리학자이며 《언어본능: 마음은 어떻게 언어를 만드는가?》의 저자인 스티븐 핑커(Steven Pinker)가 한 말이다.

‘나는 초보 독서가인가? 숙련 독서가인가?’

출생 후 5년 정도, 부모가 아기에게 세상에서 가장 익숙한 목소리로 사랑을 담아 책을 읽어 주면 아기는 장차 예비 독서가로 자랄 가능성이 훨씬 커진다. 책이 장난감처럼 친근해진 아이는 글자를 읽을 수 있게 되면서 그림책이나 동화책을 읽는 초보 독서가가 된다. 그리고 초등학교 고학년이 되면 어휘력이 급속하게 증가하고 글을 해석, 분석, 추론하는 능력이 향상된다. 책을 해독하는 독서가 가능해지면서 숙련 독서가로 발전한다. 숙련 독서가가 되면 뇌의 읽기 영역뿐만 아니라 고등정신을 관장하는 전두엽을 비롯한 전 영역이 활성화된다. 따라서 정보의 처리가 빠르고 창의적인 뇌로 발전하게 된다.

호모리더스(Homo Readers)가 된 아이들

"사람이 책을 만들고, 책이 사람을 만든다."

교보그룹 신용호 회장의 말처럼 책은 아이를 성숙한 인격체로 성장시키는 데 결정적인 역할을 한다. 독서를 통해 뇌가 변하는 동안 아이도 역시 변한다.

호모리더스가 된 아이들은 뇌가 어떻게 달라질까?

독서 전문가 이현은 "초보 독서가에서 해독(解讀)하는 독서가로 발달과정을 거쳐 숙련된 독서가가 된다"고 말하면서 초보 독서가에서 해독하는 독서가가 되면 아이의 책 읽는 태도가 달라지고, 책을 읽는 여유가 생기며, 어려운 책도 과감하게 도전하게 된다고 하였다. 또한 "독서를 통하여 해독 독서가가 될 때가 독해력이 좋아지며, 단어의 뜻과 원리뿐만 아니라 읽는 과정에서 다양한 사고력이 빛을 내기 시작한다"라고 하였다.

초보 독서가가 해독 독서가가 되기 위해서는 우선 다양한 장르의 책을 많이 읽는 것이 중요하다. 책을 읽지 않고 사고력이나 창의력, 통찰력을 기대할 수 없다. 이러한 능력은 책을 많이 읽으면서 자신도 모르게 생기는 변화이다.

초보 독서가는 우선 자신이 선호하는 장르의 책을 스스로 선택하는 것이 좋다. 부모와 함께 그림책을 보는 유아기 때부터 책과 친해진다면 초보 독서가로 성장할 가능성이 크다. 초보 독서가에서 해독 독서가로 넘어가는 시기에 자칫 지나친 사교육과 학습지로 아이들이 '읽기'라는 것은 힘들다는 편견을 가지게 된다면 해독 독서가로 가는 길에 장애가 될 수 있다. 초보 독서가가 초등학교 고학년이 되면 해독 독서가가 되어 어휘력이 좋아지고 독해능력도 두각을 나타낸다. 책을 스스로 선택하게 되고 장르도 다양성을 보인다.

미국 초등학교에는 리딩 스페셜리스트(독서 수업전문가)가 있다. 학교마다 리딩 스페셜리스트가 아이들에게 다양한 책 정보를 주고 맞춤형 독서를 지원해 주고 있다. 그리고 학교에서 읽기가 어려운 학생들을 도와주면서 자연스럽게 읽기가 뒤처지는 아이가 없는 학교가 되었고, 많은 아이가 독서가로 성장하는 데 도움을 주고 있다. 이렇게 전문가의 도움을 받은 아이들은 책을 좋아하게 되고 수업에 참여하는 태도도 좋아졌다고 한다.

숙련 독서가가 되는 것은 나이와 상관없다. 아무리 나이가 많아도 처음에는 초보 독서가로 시작한다. 초등학생이지만 치열하게 책을 읽은 학생은 일찍 숙련 독서가로 성장하여 생각이 깊고 세상을 보는 시각이 달라진다. 이런 아이들은 리더로서 자질이 엿보이고 품위 있게 행동하는 것을 볼 수 있다. 숙련 독서가가 되었다는 것은 뇌가 '독서하는 뇌'로 성장했다는 것을 의미한다.

나는 40대 후반에 독서를 본격적으로 시작하였다. 초보 독서가로서 시작해서 해독 독서가 수준이 되면서, 책 속에서 다음에 읽을 책을 찾게 되는 경우가 많아졌다. 몇백 권을 읽어야 겨우 만날 수 있는 좋은 책을 만났을 때는 저자의 이름을 검색하여 모든 책을 다 읽기도 했다. 또한 저자가 감명받았다고 소개하는 책은 모조리 다 읽는 방법으로 계속 새로운 책을 읽을 수 있었다. 가령, '내 영혼이 따뜻했던 날들'이라는 책은 내가 존경하는 작가의 책 속에 나오는 추천 도서였다. 지금까지 다섯 번을 읽을 정도로 감명을 주는 책이었다. 읽을 때마다 느낌과 감동이 달랐다. 또《이기적 유전자》와 같은 권장 도서를 읽고 다윈을 탐구하고자 하는 마음으로 관련되는 책을 모두 찾아서 읽고자 시도하였다. 그러다 리처드 도킨스와 최재천 교수의 책도 모두 만나게 되었다. 이런 책들은 나에게 생물의 진화와 관련하여 자연 세계에 대한 안목을 바꾸어 주었다.

독서력이 높아져서 어느 궤도에 오르면 여러 학문은 서로 연결되어 있음을 깨닫게 된다. 역사, 종교, 과학, 철학, 예술 등 모든 것은 서로 연결되어 있다. 책 속에서 위대한 현자들을 만나고 세상을 보는 통찰력이 생기는 것을 느낄 수 있다. 뇌가 변하면서 창의적인 뇌가 되어가는 것을 스스로 알게 된다. 아침에 전날 읽은 책을 생각하다가 갑자기 새로운 아이디어가 떠오를 때도 많다. 바로 메모하고 시간이 날 때 더 깊이 탐구하여 조사한다. 이러한 삶은 내가 독서력이 높아져 해독 독서가가 된 이후에 경험한 일이다.

초보 독서가의 뇌와 숙련 독서가의 뇌

뇌의 신경세포를 연결하는 시냅스에 미엘린이라는 것이 계속 자극을 받으면 피막처럼 형성된다. 미엘린이 만들어지면 신경세포의 정보 전달 속도가 빨라진다고 했다. 빨라진다는 것은 뇌 발달을 의미한다. 책 읽는 뇌는 미엘린의 변화에 큰 영향을 끼친다. 독서를 하면 자극이 들어오고 세포와 세포의 연결이 이루어져서 미엘린이 두꺼워진다. 그리고 세포끼리의 연결이 거미줄처럼 퍼져나가 숙련 독서가의 뇌가 형성된다.

물론 인지적 성장 속도와 신체적 발달에 맞는 독서 지도는 필요하다. 이때 다른 아이와 비교하면서 서두르는 것은 자칫 아이를 힘들게 할 수 있다. 개인의 특성에 맞는 적절한 교육이 필요하다. 아이의 언어 발달이 어느 정도 이루어지고 나면 숙련된 독서가의 뇌로 발달시키기 위해 책 읽는 습관을 지니도록 하면 된다. 이때 외부 환경 풍토를 조성하고 아이의 내면에 책 읽는 동기부여를 심어주는 것이 중요하다.

가장 수준 높은 단계의 독서는 뇌의 다양한 부위를 활용하는 독서이다. 독서의 초보 단계에서는 뇌의 여러 부위 중 언어 이해에 필수적인 영역인 베르니케 영역과 브로카 영역이 주로 활성화된다. 하지만 숙련된 독서 단계에 이르면 이 영역들뿐만 아니라 감정을 담당하는 영역, 기억을 담당하는 영역, 심지어는 운동을 담당하는 영역까지 연합해서 활성화된다. 이것은 독서가 단순 정보 습득이 아니라 시각을 통해 들어오는 정보가 기존에 이미 뇌에 저장하고 있던 정보와 만나서 융합하고 비교하여 유추와 추론과 같은 고등정신기능까지 활용하는 활동이라는 것을 말해 준다. 즉, 전뇌를 활용하여 뇌 활성화가 역동적으로 일어난다는 것이다.

초보 독서가와 숙련 독서가의 뇌 영상 촬영결과 활성화된 영역의 크기에서 확연하게 차이가 났다. 숙련된 독서가의 뇌는 넓은 영역이 활발하게 반응하였고 반응 속도도 빨랐다. 이것은 정보 전달과 이해 속도가 빠르다는 것을 보여준다. 학습이나 일을 할 때 독서 숙련가의 뇌는 효율적이고 창의적인 아이디어를 제시하면서 능력을 발휘하는 이유가 여기에 있다. 독서도 훈련이다. 독서의 시작은 언어가 발달하는 시기에 맞추어 적극적으로 시작해야 한다.

독서의 훈련은 언제부터 하는 것이 좋은가?

뇌가 형성되는 뱃속에서부터 엄마, 아빠의 목소리로 책을 읽어 주는 것도 좋다. 아기는 부모의 익숙한 목소리를 기억할 것이다. 익숙한 엄마, 아빠의 목소리로 책을 읽어 준다면 아기의 뇌는 활성화가 빠르게 일어난다.

아이가 글자를 알고 난 후에도 읽어 주기와 읽기를 함께 하는 것이 좋다. 글자를 읽을 수 있다고 읽어 주기를 그만둘 필요는 없다. 읽어 주기는 아이의 정서적 안정, 부모와의 공감과 대화의 기회가 되기 때문에 지속적으로 하는 것이 필요하다. 자연스럽게 글자를 읽을 수 있게 되면 혼자 읽기도 하게 된다.

독서의 시작은 빠를수록 좋다. 다만, 아이의 발달 정도를 고려하여 시작하되 무리하게 많이 읽어 주거나 무조건 많이 읽게 하는 것은 조심해야 할 일이다. 아이는 준비되지 않았는데 다른 아이와 비교하여 너무 일찍 시작하는 것은 바람직하지 않다. 오히려 아이들에게 역효과가 나서 독서가로 자라지 못하게 될 수 있다. 아이의 뇌와 신체 발달은 선천적 유전인자와 후천적 환경에 따라 다르다. 아이의 발달 상태를 관찰하고 전문가의 의견을 듣는 것도 필요하다.

8-3

공부의 신이 되는 학년별 독서법

"자녀에게 3만 권의 책을 읽게 하라."

《평범한 아이를 공부의 신으로 만든 비법》의 저자 이상화가 한 말이다. 그는 자녀에게 공부와 독서 습관을 길러주기 위해서 자신이 독서가가 되었다고 하였다. 미국 상위 3% 부모들은 아이가 태어나면 대학을 졸업할 때까지 3만 권의 책을 읽힌다는 정보를 독서를 통해 알게 되었다. 그리고 이 방법을 자녀 교육에 적용했다는 것이다.

우리는 아이들이 자라면서 스스로 잘하고 있는 것으로 보지만 아이들은 부모의 관심과 사랑에 더하여 관리가 필요하다. 꾸준한 독서가로 자라게 하고 싶다면 부모가 함께 독서하는 습관을 지녀야 하고, 아이가 청소년기를 보낼 때까지 주의 깊은 관리를 해야 한다. 뇌는 20대 초반까지 성장하기 때문이다.

연령별, 학년별 독서법

초등학교에 입학하기 전에 아이들의 독서를 어떻게 해야 하는지 궁금해하는 부모가 많다. 이 시기의 독서는 놀이로서 접근하는 것이 좋다. 글자를 가르치기 위해 책 읽기를 강요하거나 글자를 습득하는 시기가 다소 늦는다고 조바심내는 등 부모의 지나친 간섭과 관심이 도리어 아이가 성장하는 데 해가 되는 경우가 있다. 아이에게 책은 장난감처럼 다가오고 늘 가까이 있게 해 주는 것으로 족하다. 아이들이 가장 많은 시간을 보내는 가정이나 어린이집이 책과 친해질 수 있는 환경이면 좋다. 또 아이와 함께 도서관이나 서점에 자주 가는 것만으로도 아이가 책을 좋아하게 되는 계기가 된다. 즉, 어릴 때부터 책과 친해지도록 해야 한다.

출생 후 초등학교 6학년이 될 때까지 뇌의 중요한 부분들이 형성된다. 메타 인지 능력도 초등학교 시기에 완성되기 때문에 독서 전문가들은 평생 독서가가 되게 하려면 초등학교 시기에 독서 습관을 지니게 하는 것을 권하고 있다.

- **초등학교 1~2학년**

초등학교 저학년 때는 그림책도 좋다. 어휘력이 아직 발달하지 않았기 때문에 그림이 많은 책을 가까이하는 것도 좋은 방법이다. 부모가 책을 읽어 주는 것은 아이들이 정서적으로 가장 안정된 상태에서 뇌를 활성화하는 좋은 독서법이다. 그리고 점차 혼자서도 읽을 수 있는 독서력이 생기도록 매일 규칙적으로 함께 읽는 시간을 가지면 된다.

학교 교실에는 다양한 아이들이 존재한다. 요즘 아이들은 개성이 뚜렷하고 스마트폰이나 컴퓨터 게임을 즐기면서 자란 아이들이다. 책보다는 게임을 더 좋아하는 아이들, 디지털 문화를 늘 접하면서 생활하는 아이들에게 책 읽기는 무척 힘든 일이다. 특히 저학년 아이들은 5분 이상 한 곳에 집중하는 것을 힘들어한다. 이런 특성을 가진 아이들은 개인차를 고려한 독서지도가 필요하다. 우선 아이가 좋아하는 책을 읽도록 하는 것이 중요하다. 조금씩 책을 좋아하게 되면 관심 영역을 넓혀가도록 안내해 준다. 책을 좋아하는 아이가 되는 비결은 우선 책에 재미를 붙여 끝까지 읽는 것에 있다. 초등학교 저학년 아이들에게는 짧고 반복되는 단어와 구절이 있는 책이 적합하다. 독서전문가들은 신화, 위인전, 탐험이야기를 권장하고 있다.

- **초등학교 3~4학년**

초등학교 중학년 시기는 어린이 독서가로 두각을 나타내기 시작한다. 그림책이나 동화책에서 벗어나 글자만 있는 책을 볼 수 있는 시기이다. 이 시기에 어떻게 책을 접하느냐에 따라 책을 좋아하는 아이가 되기도 하고 책과 멀어지는 아이가 되기도 한다. 부모나 교사의 개입이 필요한 경우에는 아이의 발달 단계에 따라 아이의 수준에 맞는 책을 선정해 주어야 한다.

인물, 전설, 신화, 모험의 세계가 담긴 책, 또래와 우정을 그린 이야기, 행복을 소재로 한 책 등을 추천한다. 만약 아이가 만화를 좋아한다면 만화를 무조건 읽지 못하게 하기보다는 좋은 만화를 읽도록 안내해 주는 것이 좋다. 만화의 내용과 관련 있는 책을 함께 읽으면 책에 흥미를 느끼게 하는 데 도움이 된다.

• **초등학교 5~6학년**

초등학교 고학년이 되면 숙련 독서가로서 재능을 보이는 아이들도 나타난다. 그래서 좀 더 공격적인 독서가 필요하다. 인문고전도 읽을 수 있는 어휘력을 가지게 되고 다양한 장르의 책도 읽을 수 있다. 특히 선생님과 친구들이 같은 책을 동시에 읽고 서로 이야기를 나누어 보는 시간을 가진다면 아이들의 마음 성장에 많은 도움이 될 것이다. 이때 아이들의 뇌는 유연하고 무엇이든지 잘 받아들일 수 있는 시기이다. 그리고 우리나라 학교 사정으로 볼 때 책을 읽을 수 있는 시간이 가장 많은 때가 초등학교 시기이다. 중·고등학교에서는 6년 동안 교과 공부에만 모두 매달린다. 전 세계에서 우리나라 학생들이 학교 공부에 가장 많은 시간을 투자한다. 그래서 초등학교 시기에 더 많은 책을 읽는 것이 필요하다. 아이의 미래를 생각한다면 부모와 교사가 더욱 독서에 관심을 가져야 한다.

뇌 발달과 관련해서 본다면 책의 내용에 대해 해독하는 능력과 추론과 같은 고등정신기능을 활용하면서 읽을 수 있는 시기이다. 따라서 지적 욕구를 충족시켜 주는 책, 자아와 인간에 대한 이해를 돕는 책, 인문고전, 과학 공상 소설, 역사소설, 우정을 다룬 장편 소설, 시 등 장르가 넓어지고 깊이 있는 독서가 가능하게 된다.

고학년이 되고 어느 정도 독서력이 높아졌다면, 이제 아이가 목적을 가지고 책을 읽도록 안내하면 좋다. 한 가지 주제를 선정하여 읽기, 역사적 사건을 중심으로 읽기, 혹은 인물이나 저자를 중심으로 읽기 등 책 읽는 방법을 다양하게 알려준다면 아이들은 더 재미있게 읽을 것이다.

독해력이 곧 학력이다

"선생님, 무슨 뜻인지 모르겠어요!"

"문제가 이해가 안 돼서 풀 수가 없었어요."

문제는 바로 '독해력'이다. 수학 문제도 읽고 이해가 되어야 풀 수 있다. EBS 〈세계의 교육 현장, 미국의 초등교육, 독서가 중심이다〉라는 프로그램에서 세인트제임스 초등학교를 소개하였다. 대부분의 미국 초등학교에는 독서 수업 전문가인 리딩 스페셜리스트가 상주하고 있다. 모든 과목에 읽기를 가장 중요시하고 있다. 읽기가 되지 않는 학생은 리딩 스페셜리스트의 도움을 받을 수 있다.

이 학교에서는 수업에 참가하기 위해서 읽고 이해하는 것을 가장 먼저 가져야 할 능력으로 본다. 읽고 이해하지 못하기 때문에 수업이 재미가 없고 결국 수학과 같은 특정 과목을 포기하는 학생이 발생하게 된다는 것이다.

최근 고등학교에서 일부 과목을 포기하는 학생들이 늘어난다고 한다. 수업시간에 책상에 엎드려 있거나 다른 과목 공부를 한다는 것이다. 문제를 이해하고 연필을 바쁘게 움직이며 푸는 학생이 있는가 하면, 문제만 쳐다보는 학생, 문제를 읽어보기도 전에 포기하고 앉아 있는 학생 등 이러한 교실 상황은 교사 입장에서 힘들고 안타까운 현실이다. 학생 입장에서는 이 시간이 두렵고 짜증나고 빨리 끝나기를 기다릴 뿐이다. 이러한 현상이 발생하는 가장 큰 원인은 무엇일까? 읽기 전문가들은 '독해력'이라고 말한다.

부모들은 자녀가 공부 잘하기를 원한다. 공부를 잘하기 위한 방법은 무엇일까? 아이들의 모든 실력은 '독해력'에서 결정된다. 독서를 좋아하고, 독서가 습관이 된 아이들은 공부의 출발점부터 앞서갈 수밖에 없다. 어릴 때부터 책을 많이 읽은 학생은 풍부한 배경지식을 가지고 있고 수준 높은 어휘를 사용한다. 생각하는 힘과 글의 내용을 이해하는 능력도 발달되어 있다.

책을 많이 읽어 어휘력이 풍부한 아이들은 수업시간에 교사가 사용하는 단어나 교과서의 글을 이해하는 능력이 뛰어나다. 이런 학생들은 내용을 잘 파악하고 이해하기 때문에 배움에 재미를 느끼게 되고 수업 참여도가 높다. 또한 독서력이 높은 아이는 학습 문제를 이해하는 속도가 빠르기 때문에 다른 학생들과 협력하는 수업에서도 리더가 된다.

책을 좋아하고 책에 흠뻑 빠져 있는 아이들은 똑똑하고 창의적이면서 자기 시간도 잘 활용한다. 공부의 신이 될 수밖에 없다. 학교에서 '아침독서', '릴레이 독서' 등 다양한 방법으로 아이들에게 책을 읽게 하는 이유가 여기에 있다.

8-4

뇌가 좋아하는 것

'아이 하나를 키우는 데는 온 마을 사람들이 나서야 한다.'

아프리카 속담으로 아이를 바르게 키우기 위해서 부모와 이웃의 협력이 필요하다는 의미이다. 아이를 바르게 키우고 잠재능력을 발휘하게 하기 위해서는 부모와 학교 그리고 주변의 모든 환경이 도와주어야 한다. 더 나아가 도움을 주는 데 그쳐서는 안 되며 아이들의 뇌 발달과 신체적 특성을 고려하여 맞춤형 프로그램과 지원이 필요하다.

뇌가 좋아하는 것

뇌는 새로운 변화를 좋아한다.

뇌는 모험을 좋아한다.

뇌는 발전과 성장을 좋아한다.

뇌는 시간제한을 좋아한다.

뇌는 지적 쾌감을 좋아한다.

뇌는 몰입하는 것을 좋아한다.

정신과 전문의로 알려져 있고, 뇌과학자인 이시형 박사가 말한 뇌가 좋아하는 여섯 가지이다.

뇌는 좋아하는 일과 흥미 있는 일을 할 때 빠르게 활성화된다. 가령, 교과목 공부를 잘하지 못하지만 자동차에 대한 지식만큼은 놀라울 정도로 해박한 지식을 가지고 있는 아이들이 종종 있다. 동물이나 곤충을 좋아하고 관련 지식을 쌓아나가면서 어느 한 분야에 몰입하는 능력을 갖춘 아이들도 있다. 이러한 현상은 뇌가 새로운 것에 도전하거나 호기심에 따른 물음에 답을 찾는 과정을 좋아하기 때문이라고 뇌과학자들은 말한다. 이때 분비되는 도파민은 운동, 감정, 의욕, 학습 등에 관여한다. 도파민이 분비되면 쾌감을 느낀다. 또한 도파민은 의욕적으로 도전할 때, 칭찬을 들을 때, 감동을 느낄 때, 성취감을 느낄 때 분비되는 호르몬이다. 이때 뇌도 함께 활성화된다.

인간의 정신을 백지상태에 있는 흰 종이에 비교한 존 로크의 믿음처럼, 인간의 정신은 유연하기 때문에 그 형성과정과 결과는 유전적 요인보다 태어난 후 외부 환경과 경험에 더 비중을 둔다. 아이들의 잠재된 능력과 재능은 무한하다. 단지 우리가 그것을 발현하도록 도움을 주지 못하는 경우가 있다는 것이 안타깝다.

자폐증이나 난독증을 극복하고 위대한 업적을 남긴 천재들도 수없이 많다. 자폐증을 극복하고 현재 동물학자로서 동물복지전문가로 활동하고 있는 템플 그랜딘은 자신의 신체 변화가 남들과 다르다는 것에 좌절하지 않고 도리어 자신만의 고유한 능력으로 계발하였다. 결국 그녀는 동물학 박사 학위를 받았고 소 사육과 관련된 시설 설계 부분에서 최고의 자리에 올랐으며, 강연과 저술가로 활동하고 있다. 그녀가 자신의 한계를 이겨내어 성공할 수 있었던 이면에는 놀라운 비밀이 있다. 바로 실패를 두려워하지 않고 끊임없이 도전하는 불굴의 정신과 어마어마한 독서였다.

뇌는 자신의 의도적 노력에 따라 변하고, 부족한 영역은 다른 영역에서 보충해 주는 능력을 갖추고 있기 때문에 현재 어려움을 겪고 있는 아이들도 잠재 능력 계발 가능성은 열려 있다.

뇌가
좋아하는 교실

"변화만이 유일한 상수다.
인류는 전례 없는 혁명기에 직면했다.
미래를 살아갈 아이들은 어떤 종류의 능력이 필요할까?"

《21세기를 위한 21가지 제언》에서 저자 유발 하라리가 교육계에 던진 질문이다.

미래의 교실은 아이들이 즐기면서 탐구할 수 있는 공간이어야 한다. 자신의 아이디어를 탐구하고 구현해 볼 수 있는 복합적인 지원 시스템이 갖추어진 교실이어야 한다. 책은 물론 컴퓨터, 3D프린트, 학습지원프로그램 도구들을 활용하여 아이들이 구상한 것을 직접 메이킹(making)이 가능해야 한다. 호기심과 상상력이 풍부한 아이들이 자신만의 아이디어를 표현하고 구현하여 실행해 볼 수 있는 시스템이 갖추어진 교실이 바로 뇌가 좋아하는 교실이다.

아이들은 호기심을 해결해 보고자 책을 찾고, 친구와 선생님의 도움을 받아 탐구활동을 한다. 개인별 또는 팀별로 프로젝트를 실행하는 작업에도 참여한다. 이러한 과정은 삶의 힘을 키워주고 다양한 지식의 세계를 연결해 주는 학습이 되어 아이들의 잠재력을 키운다.

학교에서 상상력과 아이디어가 많은 아이는 평소에 책을 많이 읽는다. 미래사회를 살아갈 아이들의 가장 필요한 역량은 창의성이다. 창의성은 사고력과 상상력에서 시작된다. 꾸준한 독서는 아이들의 뇌를 사고하는 뇌, 상상력이 풍부한 뇌, 창의적인 뇌로 변화시킨다. 책을 좋아하게 도와주고 책 읽는 습관을 길러주기만 해도 좋다. 더 좋은 방법은 부모와 교사가 직접 책을 읽는 것이다. 책을 읽지 않는 아이들을 탓하지 말라.

상상력에 대한 이야기

미술 시간에 한 초등학교 교사가 1학년 아이들에게 그림 그리기를 가르치고 있었다. 수업시간에 늘 딴짓을 하고 집중을 못 하던 한 아이가 미술 시간만큼은 집중하여 즐겁게 그림 그리기에 몰두하고 있었다. 선생님은 그림 그리기에 열중하고 있는 아이에게 가까이 가서 물었다.

"무엇을 그리고 있니?"

"신(神)을 그리고 있어요."

"하지만 신이 어떻게 생겼는지 아무도 모르는걸."

아이가 대답하였다.

"곧 알게 될 거예요."

아이들이 자신의 상상력에 얼마나 자신감을 느끼고 있는지 일깨워주는 이야기라고 《엘리먼트》의 저자 켄 로빈슨은 말하고 있다.

어릴 때 상상력이 풍부했던 아이들이 학년이 올라가고 연령이 높아짐에 따라 자기 생각을 표현하는 능력과 상상력이 도리어 저하되는 경우가 많다. 자존감도 떨어지는 경향이 있다. 이것은 그동안 우리 교육이 성적지상주의, 시험지에 정답을 맞히는 교육을 해 온 결과라고 본다. 나 자신이 교육자로서 많은 성찰을 하게 만든다.

세상을 살아가면서 아이들은 자신의 잠재력 그리고 무한한 상상력과 조금씩 이별하는지도 모른다. 아이러니하게도 학교에서 교육을 받을수록, 조기교육이나 선행학습에 열중하는 아이일수록 더 심각하다는 것이다. 아이의 발달이나 특성을 무시한 조기교육열풍이나 선행해서 학습하면 다른 친구들보다 앞서 나갈 수 있다는 오해가 만들어 낸 결과이다. 단기간에 나타나는 시험위주의 평가 결과에는 영향을 미칠지는 모르지만 아이들의 잠재력과 상상력을 풍부하게 하는 데는 역효과이다. 각종 성취도 평가는 단순 지식 위주의 평가이기 때문에 아이들은 시험 기술을 익히는 공부로 대부분의 시간을 보내게 된다.

EBS에서 방영한 시험에 대한 프로그램에서 재미있는 영상을 보여준 적이 있다. 수능 만점자와 평범한 학생, 예술 분야에서 악기를 연주하는 학생, 특정 분야에서 열정을 쏟고 있는 또래 학생들을 무작위로 선발하였다. 그리고 서로에 대해 정보를 모르는 상태에서 협력하여 문제를 해결하는 능력, 위기에 대처하는 능력 등을 검사하였다. 모든 사람을 놀라게 할 만한 결과가 나왔다. 학과 성적이 우수한 것과 문제 해결 능력, 적응 능력, 협업하는 능력들은 하등의 관계가 없음이 밝혀졌다. 최고의 성적으로 검사를 끝낸 학생은 학과 공부와는 상관이 적은 학생이었다. 다만 열정적으로 예술 분야에서 공부를 하고 있는 학생이었다.

이 실험과 같이 아이들의 상상력과 창의력은 학교라는 시스템에서 교과 공부를 잘하는 아이와 상관관계가 높지 않다. 세상에 대한 호기심과 끈기 있게 문제를 해결하려는 열정, 다른 사람과 협력하는 능력, 틀에 박힌 생각보다는 세상을 다르게 보는 시각, 삶과 연결되어 있는 공부가 우리 아이들이 새롭게 가져야 할 역량들이다.

우리 아이들이 학교에서 배우는 것 중 대부분은 미래사회에서는 별 소용이 없어질 가능성이 크다. 이전의 학교 교육은 학생들에게 정보를 더 많이 주입하는 데만 열중하였다. 그때는 정보를 가진 사람들이 필요했다. 산업이 혁명적으로 발달하면서 서비스 업종이나 공장에서 많은 인력이 요구되는 시대였다. 지금은 교사가 학생들에게 전수해야 할 교육 내용에서 지식과 정보는 큰 의미가 없다. 지식과 정보는 이미 학생들에게 차고 넘친다. 아이들에게 필요한 것은 정보를 이해하는 능력, 중요한 것과 중요하지 않은 것의 차이를 식별하는 능력이다. 무엇보다 수많은 정보 조각들을 조합해서 세상에 관한 큰 그림을 그리는 능력을 갖추어야 한다.

미래사회를 대비하기 위하여 '창의적인 사고방식'으로 생각하는 힘을 길러주는 것이 학교 교육에서 가장 중요하게 고민하고 연구해야 할 일이 되었다.

생각하는 힘을 길러주는 교육의 중심에 독서가 있다. 모든 분야의 고수와 천재의 공통점은 독서광이었다는 사실을 기억하라.

독서를 통하여 미지의 것을 탐색하고 자아를 발견해 가는 과정은 삶의 가장 큰 줄기라고 해도 과언이 아니다. 삶을 하나의 나무로 비유한다면 책 읽기야말로 절대조건의 밑거름이라는 말에 나는 유감없이 동조한다.

– 양귀자 –

| 참고도서 |

독서

가톨릭대학교 우석독서교육연구소, 《독서 지도의 정석》, 글로연, 2008.
고영성, 《어떻게 읽을 것인가》, 스마트북스, 2015.
권영식, 《다산의 독서 전략》, 글라이더, 2012.
기성준, 《독서법부터 바꿔라》, 북씽크, 2015.
김미옥, 《13세이전에 완성하는 독서법》, 황소북스, 2017.
김병완, 《48분 기적의 독서법》, 미다스북스, 2011.
김병완, 《오직 읽기만하는 바보》, 브레인스토어, 2013.
김삼웅, 《독서독본》, 현암사, 2012.
김정진, 《독서불패》, 자유로, 2001.
김형진, 《엄마, 인문고전 읽어 주세요》, 토라, 2014.
나루케 마코토, 《책, 열 권을 동시에 읽어라》, 뜨인돌, 2009.
다치바나 다카시, 《나는 이런 책을 읽어 왔다》, 이언숙 옮김, 청어람미디어, 2001.
데이빗 엘킨드, 《기다리는 부모가 큰 아이를 만든다》, 정미나 옮김, 한스미디어, 2008.
도날린 밀러, 《수업 중 15분 행복한 책읽기》, 정수안 옮김, 다른, 2011.
리 보틴스, 《부모 인문학》, 김영선 옮김, 유유, 2013.
마거릿 윌리스, 《독서의 탄생》, 이상원 옮김, 황소자리, 2011.
마쓰야마 신노스케, 《아침 30분 독서》, 서수지 옮김, 책비, 2012.
마쓰오카 세이고, 《독서의 신》, 김경균 옮김, 추수밭, 2013.
매리언 울프, 《다시, 책으로》, 전병근 옮김, 어크로스, 2019.
매리언 울프, 《책 읽는 뇌》, 이희수 옮김, 살림, 2009.
명로진, 《짧고 굵은 고전 읽기》, 비즈니스북스, 2015.
모티머 J. 애들러·찰스 반 도렌, 《생각을 넓혀주는 독서법》, 독고 앤 옮김, 멘토, 2000.
모티머 J. 애들러·찰즈 밴 도런, 《독서의 기술》, 민병덕 옮김, 범우사, 1986.
박민근, 《아이를 바꾸는 책읽기》, 중앙북스, 2013.
박석무, 《풀어쓰는 다산 이야기》, 문학수첩, 2005.
박성철, 《초등 책 읽기의 힘》, 추수밭, 2013.
박웅현, 《책은 도끼다》, 북하우스, 2011.
박철상, 《서재에 살다》, 문학동네, 2014.
박홍규, 《독서독인》, 인물과사상사, 2014.
사이토 다카시, 《독서는 절대 나를 배신하지 않는다》, 김효진 옮김, 걷는나무, 2015.
샤를 단치, 《왜 책을 읽는가》, 임명주 옮김, 이루, 2013.
소노 요시히로, 《1년에 500권 마법의 책읽기》, 조미량 옮김, 물병자리, 2010.
송광택, 《나를 단련하는 책 읽기》, 끌레마, 2012.
송재환, 《초등 1학년 공부, 책읽기가 전부다》, 예담, 2013.

송재환, 《초등 고전읽기혁명》, 글담출판사, 2012.
송재환, 《초등 고전읽기혁명 실천편》, 글담출판사, 2012.
송재환, 《초등학교 1학년 공부, 책 읽기가 전부다》, 예담프렌드, 2013.
스튜어트 A. P. 머레이, 《도서관의 탄생》, 윤영애 옮김, 예경, 2012.
스티븐 크라센, 《읽기혁명》, 조경숙 옮김, 르네상스, 2013.
신우성, 《미국 글쓰기 교육 일본 책읽기 교육》, 어문학사, 2014.
심영면, 《초등 독서의 모든 것》, 꿈결, 2012.
안계환, 《성공하는 사람들의 독서습관》, 좋은책 만들기, 2011.
안데르스 에릭슨, 《1만 시간의 재발견》, 강혜정 옮김, 비즈니스북스, 2016.
안상헌, 《생산적 책읽기 50》, 북포스, 2005.
안상헌, 《책을 읽어야 하는 10가지 이유》, 북포스, 2009.
안소영, 《책만 보는 바보》, 보림출판사, 2005.
여희숙, 《도서관 친구들 이야기》, 서해문집, 2010.
오가와 다이스케, 《거실공부의 마법》, 이경민 옮김, 키스톤, 2018.
오준호, 《소크라테스처럼 읽어라》, 미지북스, 2012.
유시민, 《청춘의 독서》, 웅진지식하우스, 2009.
이지성, 《리딩으로 리드하라》, 문학동네, 2010.
이태우, 《혼자 알기 아까운 책 읽기의 비밀》, 연지출판사, 2015.
임성미, 《진로 독서》, 꿈결, 2013.
잭 캔필드·게이 헨드릭스, 《내 인생을 바꾼 한 권의 책》, 손정숙 옮김, 2007.
정민, 《고전 독서법》, 보림, 2012.
정민, 《오직 독서뿐》, 김영사, 2013.
정수복, 《책에 대해 던지는 7가지 질문》, 로도스, 2013.
정혜윤, 《삶을 바꾸는 책 읽기》, 민음사, 2012.
조한별, 《세인트존스의 고전 100권 공부법》, 바다출판사, 2016.
짐 트렐리즈, 《아이들에게 책을 읽어 주자》, 이일남 옮김, 오리진, 2000.
짐 트렐리즈, 《하루 15분 책읽어 주기의 힘》, 눈사람 옮김, 북라인, 2007.
차이자위안, 《독서인간》, 김영문 옮김, 알마, 2015.
최효찬, 《5백 년 명문가의 독서교육》, 한솔수북, 2014.
하야시 히로시, 《아침독서 10분이 기적을 만든다》, 한상수 옮김, 청어람미디어, 2005.
한상무, 《책을 읽으면 왜 뇌가 좋아질까? 또 성격도 좋아질까?》, 푸른사상, 2017.
헤르만 헤세, 《헤르만 헤세의 독서의 기술》, 김지선 옮김, 뜨인돌, 2006.
홍지연, 《책읽기 방법》, 큰나, 2011.
히라노 게이치로, 《책을 읽는 방법》, 문학동네, 2014.

뇌

KBS 읽기혁명 제작팀·신성욱, 《뇌가 좋은 아이》, 마더북스, 2010.
가바사와 시온, 《당신의 뇌는 최적화를 원한다》, 오시연 옮김, 쌤앤파커스, 2018.
강봉균 외, 《뇌 Brain》, 휴머니스트, 2016.
구보타 기소우, 《손과 뇌》, 고선윤 옮김, 바다출판사, 2014.

데이비드 이글먼·앤서니 브란트, 《창조하는 뇌》, 엄성수 옮김, 쌤앤파커스, 2019.
박문호, 《뇌, 생각의 출현》, 휴머니스트, 2008.
승현준, 《커넥톰, 뇌의 지도》, 신상규 옮김, 정경 감수, 김영사, 2014.
테리 도일, 《뇌과학과 학습혁명》, 강신철 옮김, 돋을새김, 2013.
프레데리케 파브리티우스·한스 하게만, 《뇌를 읽다》, 박단비 옮김, 빈티지하우스, 2018.

교육

EBS 제작팀, 《학교란 무엇인가》, 중앙북스, 2013.
EBS 〈최고의 교사〉 제작팀, 《최고의 교사》, 문학동네, 2012.
권성호 외, 《무엇이 학교혁신을 지속가능하게 하는가》, 맘에드림, 2015.
류태호, 《4차 산업혁명, 교육이 희망이다》, 경희대학교 출판문화원, 2017.
박성숙, 《독일 교육 이야기》, 21세기북스, 2010.
서명석, 《가르침과 배움 사이로》, 책인숲, 2012.
셸리 카슨, 《우리는 어떻게 창의적이 되는가》, 이영아 옮김, 알에이치코리아, 2012.
아만다 리플리, 《무엇이 이 나라 학생들을 똑똑하게 만드는가》, 김희정 옮김, 부키, 2014.
엘코논 골드버그, 《창의성》, 김미선 옮김, 시그마북스, 2019.
켄 로빈슨, 《학교혁명》, 정미나 옮김, 21세기북스, 2015.
켄 로빈슨·루 애로니카, 《누가 창의력을 죽이는가》, 최윤영 옮김, 21세기북스, 2019.
테드 딘터스미스, 《최고의 학교》, 정미나 옮김, 예문아카이브, 2019.
토머스 거스키, 《벤저민 블룸 완전학습의 길》, 임재환 옮김, 유비온, 2015.
하브루타수업연구회, 《질문이 있는 교실 초등 편》, 경향비피, 2015.
하워드 가드너, 《다중지능》, 문용린·유경재 옮김, 웅진지식하우스, 2007.

기타

KBS 제작팀, 《명견만리》, 인플루엔셜, 2016.
공병호, 《명품인생을 만드는 10년 법칙》, 21세기북스, 2011.
로버트 그린, 《마스터리의 법칙》, 이수경 옮김, 살림비즈, 2013.
스티븐 핑커, 《언어본능》, 김한영 옮김, 동녘사이언스, 2008.
앤드루 로빈슨, 《천재의 탄생》, 박종성 옮김, 학고재, 2012.
야마구치 슈, 《쇠퇴하는 아저씨 사회의 처방전》, 이연희 옮김, 한스미디어, 2019.
유발 하라리, 《21세기를 위한 21가지 제언》, 전병근 옮김, 김영사, 2018.
이상화, 《평범한 아이를 공부의 신으로 만든 비법》, 스노우폭스북스, 2017.
이정동, 《축적의 길》, 지식노마드, 2017.
장화용, 《들어주고 인내하고 기다리는 유대인 부모처럼》, 스마트비즈니스, 2018.
정약용, 유배지에서 보낸 편지, 박석무 편역, 창비, 2011.
정유선, 《기적은 기적처럼 오지 않는다》, 대교북스캔, 2008.
제이슨 게위츠, 《탈피오트의 비밀》, 윤세문 외 옮김, 알에이치코리아, 2018.
존 스튜어트 밀, 《존 스튜어트 밀 자서전》, 최명관 옮김, 창, 2016.
켄 로빈슨, 《엘리먼트》, 승산, 2010.
켄 블랜차드, 《비전으로 가슴 뛰게 하라》, 조천제 옮김, 21세기북스, 2006.

똑똑해지는 뇌과학 독서법

뇌과학자가 밝히는 독서를 통한 두뇌개발법

초판 1쇄 발행 2020년 1월 20일
2쇄 2020년 4월 1일

지은이 | **김호진**
기획 편집 총괄 | **호혜정**
편집 | **김정빈**
기획 | **이다현 김민아**
표지·본문 디자인 | **이선영**
교정교열 | **호혜정 민예진**
마케팅 | **최미남 김태현**
펴낸곳 | **리텍 콘텐츠**
주소 | **서울시 용산구 원효로 153 원효빌딩 824호**
전화 | **02-2051-0311** 팩스 | **02-6280-0371**
이메일 | **ritec1@naver.com**
홈페이지 | **http://www.ritec.co.kr**
페이스북 | 블로그 | 카카오스토리채널 | [책속의 처세]
ISBN | **979-11-86151-34-1 03300**

· 이 도서의 국립중앙도서관 출판예정도서목록(CIP)은 서지정보유통지원시스템 홈페이지(http://seoji.nl.go.kr)와 국가자료종합목록 구축시스템(http://kolis-net.nl.go.kr)에서 이용하실 수 있습니다.
(CIP제어번호 : CIP2019052208)